Aike & Henning Vaqué

ABGEBRANNT
IM ALTER?

ODER WIE SIE IHRE RENTE NOCH RETTEN KÖNNEN!

Verfasser und Herausgeber

Aike & Henning Vaqué

Gerhard-Stalling-Straße 60 b · 26135 Oldenburg

Tel. (04 41) 200 500 · www.wika.ag

Druck

FLYERALARM GmbH

Alfred-Nobel-Str. 18

97080 Würzburg

ISBN

978-3-946703-03-7

© 2019 HAV-Verlag, Oldenburg

PERSÖNLICHE WIDMUNG

Allen Menschen, die nach mehr Glück und finanzieller Freiheit streben

&

unseren Mandanten und Mitstreitern, die auch in schwierigen Zeiten immer an
unsere gemeinsame Vision und Unabhängigkeit geglaubt haben.

Der Inhalt

Kapitel 3: Die unheimliche Gefahr kommt schleichend 63

Vorwort

Herzlich willkommen zu unserem Ratgeber und vielen Dank für Ihr Interesse.

Die Welt ist im Wandel und die gesellschaftlichen Umwälzungen nehmen immer mehr Fahrt auf. Während unserer über 14-jährigen Tätigkeit in der Finanzbranche haben wir immer wieder feststellen dürfen, dass unser aller Leben permanente Veränderung bedeutet. Seit der Finanzkrise 2008 ist nichts mehr wie es einmal war. Negativzinsen und eine hochverschuldete Eurozone drohen die Sparguthaben deutscher Sparer aufzufressen.

Aus unseren Erfahrungen und dem Wissen über die Hintergründe entstand dieser Ratgeber, der Ihnen helfen soll, sich einen Eindruck zu verschaffen, was hier in unserem Land schief läuft. Einige Textpassagen dieser Einleitung haben wir im September 2007 auf der Internetplattform XING veröffentlicht. Sie sind auch heute immer noch gültig.

Wir möchten aufgrund des hohen noch heute zeitgemäßen Wirkungsgrades einige Zeilen mit einfließen lassen, damit Sie die Maxime unseres Handelns verstehen können:

Wir haben und hatten dabei von Anbeginn unserer Schaffenskraft drei große Träume:

- Ein System zu schaffen, mit dessen Hilfe Menschen ihr Geld sicher und profitabel anlegen können.
- Ein faires und ehrliches Konzept für alle Berater, die frei und unabhängig beraten wollen.
- Eine ehrliche Konzeptberatung, in der unsere Mandanten im Mittelpunkt stehen.

Daher sind uns drei Dinge bewusst:

- In den Momenten der Entscheidung bestimmen wir unser Leben.
- Nichts wird stärkeren Einfluss auf die Entwicklung unserer Persönlichkeit nehmen als unser Beruf.
- Wenn wir unsere Talente erkennen und mit Leidenschaft an einer Sache arbeiten, wird die Realität unsere Träume übertreffen.

Daher folgen Sie der eigenen Einsicht:

Wenn Sie neue Pläne haben, dann dürfen Sie nicht auf andere hören. Die werden Sie in den seltensten Fällen ermutigen. Man wird Sie warnen. Wie in unserem Fall. Vergessen Sie darum nie: Es handelt sich um Ihr Leben. Sie wissen am besten, was gut und richtig ist für Sie. Folgen Sie Ihrer Intuition. Machen Sie aus Ihrem Leben Ihr Kunstwerk, nicht das Kunstwerk anderer! Daher sprechen wir eine Einladung aus für die nächsten Schritte... In zehn Jahren werden wir wieder Bilanz ziehen.

Unser Wunsch ist es, dann sagen zu können:

- ❯ Unsere Firma hat vielen tausend Mandanten geholfen ihre finanzielle Sicherheit und Freiheit zu erlangen. So haben wir zu ihrem Lebensglück beigetragen.
- ❯ Wir haben dabei ethisch gehandelt und nachhaltige Firmen gefördert; dadurch haben wir dazu beigetragen, dass ein Umdenken stattfindet: weg von der bedingungslosen Konsumfalle, hin zu einem verantwortlichen und nachhaltigen Denken.
- ❯ Unsere Mitarbeiter sind finanziell freie und erfüllte Persönlichkeiten und – diese Möglichkeit besteht – vielleicht sogar Partner in unserem Unternehmen geworden.

Wir dürften nicht an unser Unternehmen und an die Menschen darin glauben, wenn wir es an dieser Stelle versäumen würden, eine Einladung an Sie auszusprechen.

Wir möchten weiter unseren unabhängigen Weg gehen und möchten an dieser Stelle allen danken, die bisher hinter uns gestanden haben. Vielen Dank allen Kunden, Beratern, Freunden und guten Bekannten für die tolle Unterstützung. Die vergangenen Monate und Jahre waren phantastisch mit Euch! Für die nächsten Jahre wünschen wir Euch und uns viel Schönes und die Kraft und die Weisheit mit dem weniger Schönen umzugehen. Machen Sie aus Ihrem Leben ein Meisterwerk!

Nach über 10 Jahren wika AG dürfen wir heute festhalten, dass vieles, was wir uns damals gewünscht haben, tatsächlich in Erfüllung gegangen ist. Also, auf die nächsten 10 gemeinsamen Jahre...

Herzlichst Aike & Henning Vaqué

„Wenn es Ernst wird, muss man lügen!"

Jean-Claude Junker
Präsident der europäischen Kommission
auf einer Veranstaltung zur Euro-Krise
im April 2011.

KAPITEL 1: VERSPROCHEN, VERFÜHRT UND GEBROCHEN

1. Zinsen? Das war einmal.

„Über Geld spricht man nicht, Geld hat man", lehrt eine Redensart. Diese stammt allerdings aus einer Zeit, als die Welt noch keinen Euro kannte. Diese Weichwährung, die seit 2002 als offizielles Zahlungsmittel in 19 der 28 EU-Länder gilt, hat zu einem finanziellen Super-GAU geführt. Wir erleben die sprichwörtliche „Ruhe vor dem Sturm", weil die Leidtragenden dieser desaströsen Währungspolitik einfach keine Ahnung haben, was schon bald auf sie zukommen wird. Banken, Versicherungen und insbesondere die Bundesregierung profitieren von der Ahnungslosigkeit ihrer ratsuchenden Kunden und Wählern, weshalb sie nicht gerade im Verdacht stehen, ihren Beitrag für ein besseres Geldverständnis zu leisten. Dabei war es noch nie so wichtig, das „richtige Wissen um Geld". Es ist ja nicht so, dass wir mit dem Euro nur bezahlen, er ist auch die Währungseinheit, mit der wir unser Vermögen aufbauen. Inzwischen ist diese Währung seit 15 Jahren am Markt, weshalb sie keinen „Welpenschutz" mehr genießt. Das Gegenteil ist der Fall: Der Euro steht vor der größten Herausforderung aller Zeiten. Dabei hat er die Krise um unser aller Geld nicht ausgelöst, sondern eher zusätzlich befeuert. Das Problem liegt im Währungssystem an sich. Darauf verwies bereits vor mehr als 70 Jahren der US-amerikanische Autobauer Henry Ford (1863–1947):

> *„Eigentlich ist es gut, dass die Menschen der Nation unser Banken- und Geldsystem nicht verstehen. Würden sie es nämlich, so hätten wir eine Revolution noch vor morgen früh."*

Dennoch sind die aktuellen Probleme dem Euro geschuldet. Insofern ist es wichtig, über Geld zu reden, auch wenn man es (noch) nicht hat. Damit stellen wir uns gegen die eingangs zitierte Redensart aus „alten Zeiten". Genauso wenig dürfen wir heute dem Sprichwort *„Spare in der Zeit, so hast du in der Not"* noch trauen. Wer sich in Sachen Sparen heute noch an die „Spargesetze" alter Zeiten klammert, wird die sprichwörtliche Not erleben. Die derzeitige Situation an den Finanzmärkten bestraft alle die, die nicht bereit sind, ihre Komfortzone zu verlassen.

Finanzielle Sicherheit gibt es heute nur noch für den Preis des „Sich-Kümmerns". Entweder selbst oder durch ausgewiesene Experten, denen wir heute noch vertrauen dürfen. Experten, denen in erster Linie das Wohl ihrer ratsuchenden Mandanten am Herzen liegt und nicht ihre eigene Vermögensvermehrung durch überzogene Provisionszahlungen.

DAS MERK ICH MIR:

Es gibt wenige fähige Finanzberater, aber viele,
die zu allem fähig sind.

Unser Ziel ist nicht nur Ihre finanzielle Freiheit und Sicherheit, sondern im Besonderen Ihre finanzielle Unabhängigkeit. Diese erreichen Sie aus unserer Sicht nur, wenn Sie über genügend Geld verfügen. Was leichter gesagt ist als getan. Denn durch die Nullzins-Politik der Europäischen Zentralbank (EZB) bekommen Sie heute so gut wie keine Zinsen mehr auf Erspartes, wie der „Zinsverlauf" der letzten Jahre eindrucksvoll unter Beweis stellt.

Umlaufrendite von 2005 bis 2018:

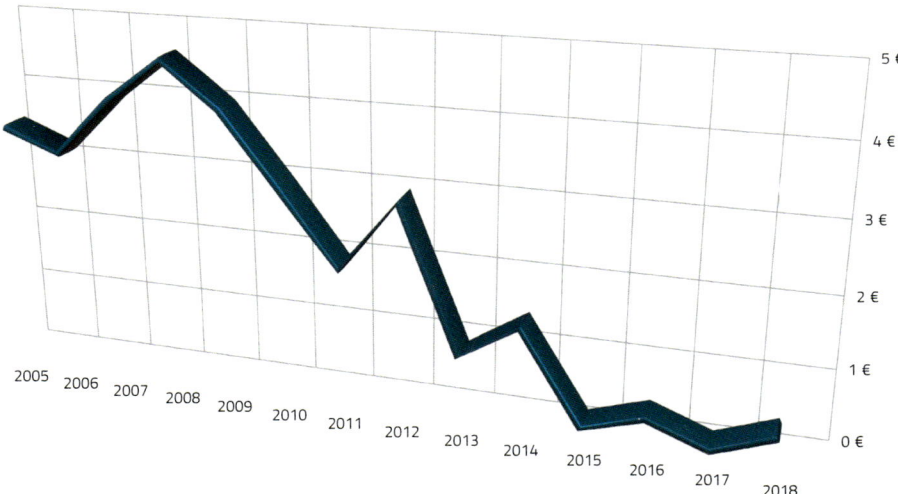

Onvista.de; Die Umlaufrendite ist die durchschnittliche Rendite aller im Umlauf befindlichen inländischen festverzinslichen Wertpapiere erster Bonität (z. B. deutsche Staatsanleihen) in Euro (andere Währungen werden nicht berücksichtigt). Ermittelt wird die Rendite von der Deutschen Bundesbank.

Diese Zinsentwicklung führt zu folgendem Ergebnis:

„Nullzinsenpolitik" kostet jeden Deutschen 1.400 Euro."

Seit 2010 haben die Deutschen durch die niedrigen Zinsen bereits rund 112 Milliarden Euro eingebüßt.

Zinseinbußen privater Haushalte:

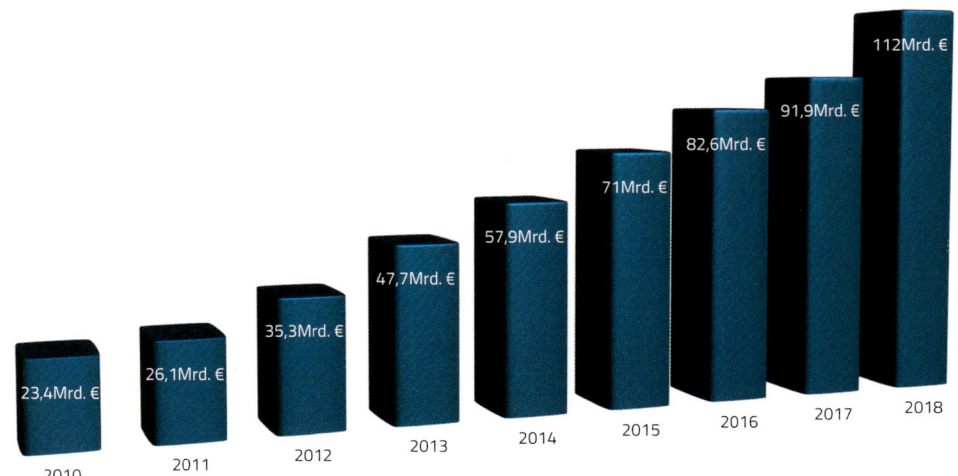

Quelle: DZ Bank, Zahlen vor Steuern und Verwaltungsaufwendungen

Experten sind sich einig, dass dieser Zustand noch etliche Jahre anhalten wird. Was diese Einschätzung für Ihr Geld bedeutet, können Sie an einer Zahl „festmachen", und zwar an der Zahl

72

Wann immer Sie wissen wollen, wann sich Ihr eingesetztes Kapital verdoppelt, nehmen Sie die Zahl 72 und teilen den in Aussicht gestellten Zins. Nehmen wir an, Sie bekommen zwei

Prozent, dann hat sich Ihr Kapital in 36 Jahren verdoppelt (72:2). Erhalten Sie vier Prozent Zinsen, dann sind es nur 18 Jahre, und Sie können sich über eine Verdoppelung freuen. Ohne Taschenrechner erkennen Sie, ob die Verzinsung Ihres eingesetzten Kapitals fair ist.

Nicht nur für ein Auskommen mit dem Einkommen im Rentenalter sind Zinsen wichtig, sondern auch für den sozialen Frieden. Die Bilder aus Griechenland zeigen, dass sinkende Einkommen wie Renten von der Bevölkerung nicht hingenommen werden. Irgendwann entlädt sich die angestaute Wut auf den Straßen. Es gibt Verletzte, Plünderungen und brennende Autos. Davon sind wir in Deutschland noch sehr weit entfernt. Das heißt aber nicht, dass wir nicht gefährdet sind angesichts der Null-Zins-Politik der Europäischen Zentralbank (EZB). Diese fühlt sich der Stabilität des Geldes verpflichtet und nicht den Sparern. Deshalb auch trägt sie ihre Währungspolitik auf dem Rücken der Anleger aus. Die Profiteure dieser Geldvernichtungsmaschinerie sind in erster Linie die Staaten.

Jede Zinserhöhung würde nämlich die hoch verschuldeten Euro-Staaten belasten. Sie könnten unter der Zinslast zusammenbrechen und so einen Staatsbankrott hervorrufen, der uns alle mit voller Wucht treffen würde. Es verhält sich hier, wie schon vor 100 Jahren vom Bankier Carl Fürstenberg (1850-1933) festgestellt: *„Wenn der Staat Pleite macht, dann geht natürlich nicht der Staat Pleite, sondern seine Bürger."*

Dass es aber zu einer solchen fatalen Entwicklung kommen kann, ist nicht ausgeschlossen. So sagte die Bundeskanzlerin der Bundesrepublik Deutschland, Frau Dr. Angela Merkel, auf einer Veranstaltung der Privatbank Metzler im Januar 2009:

„Es gibt das Gerücht, dass Staaten nicht pleitegehen können.
Dieses Gerücht stimmt nicht!"

Wie Recht sie doch hat. Staatspleiten gehören zur Geschichte der Staaten wie Kriege und Putsche. Im Gebiet des Deutschen Reiches zum Beispiel ereigneten sich allein im 18. Jahrhundert fünf Pleiten, Spanien war sogar siebenmal dabei. In Nordamerika stoppten zwölf Unionsstaaten ihren Kapitaldienst, in Südamerika dagegen unzählige.

Bankrotte Staaten in Europa seit 1800:

Staat	Anteil der Krisenjahre	Zahl der Pleiten
Griechenland	50,6 %	5
Russland	39,1 %	5
Ungarn	37,1 %	7
Polen	32,6 %	3
Spanien	23,7 %	8
Rumänien	23,3 %	3
Österreich	17,4 %	7
Türkei	15,5 %	6
Deutschland	13,0 %	7
Portugal	10,6 %	6
Niederlande	6,3 %	1
Italien	3,4 %	1

Quelle: FaZ; 14.03.10; Basis: 66 unabhängige Staaten. Pleiten seit 1800 oder Unabhängigkeit eines Landes. Österreich mit Ungarn; Deutschland mit Deutschem Reich und Vorläuferstaaten; alle Zahlen berücksichtigen nicht die aktuelle Krise

Der Europäischen Zentralbank (EZB) kommt hier eine besondere Stellung zu. Nicht nur durch ihre Zinspolitik nimmt sie entscheidenden Einfluss auf die Staatsfinanzen, sondern auch durch ihr „Anleihen-Aufkaufprogramm" (kurz OMT = Outright Monetary Transactions). Diese Entscheidung fiel am 8. Dezember 2012. Sie ist aufgrund ihrer Tragweite in die Geschichtsbücher eingegangen. Was wichtig ist, denn eines Tages wird man sich erinnern, dass mit diesem Beschluss der sprichwörtliche Dammbruch einherging. Am besagten Tag verkündete der EZB-Chef, Prof. Dr. Mario Draghi, auf einer Pressekonferenz, dass die Europäische Notenbank beschlossen hatte, Staatsanleihen von kriselnden Eurostaaten zu kaufen. Der verhängnisvolle Passus in dieser Erklärung folgte in der 16. Minute: *„No ex ante quantitative limits are set on the size"* – zu Deutsch: *„Es gibt keine Grenzen für das Ausmaß dieser Anleihenkäufe. Die EZB entscheidet frei, wie viel Unterstützung ein Land braucht."*

Mit anderen Worten:

Die EZB rettet alle, nur nicht die Sparer, Investoren und Kapitalanleger.

Wegen des negativen Realzinses summieren sich die Verluste pro Bundesbürger seit 2010 im Schnitt schon auf 1.400,00 EUR.

DAS MERK ICH MIR:
*Mit ihrer inflationären Geldpolitik „druckt" die
EZB Europa in den Bankrott!*

2. Lebensversicherung – ein Auslaufmodell

Das Prekäre an dieser Entscheidung ist aus unserer Sicht der Rechtsbruch, den die EZB damit begeht. Indirekt! Dadurch, dass sie maroden Staaten ihre wertlosen Anleihen abnimmt, fließt frisches Geld in reformunwillige Staaten. Das kommt einer indirekten Staatsfinanzierung gleich. Diese ist nach dem Maastrichter Vertrag verboten. Das interessiert inzwischen aber niemanden mehr. Nirgendwo wird mittlerweile mehr Recht gebrochen als in der Europäischen Union. „Verträge", so sagt Prof. Dr. Heinz W. Appelho[1], *„sind seit Maastricht nicht mehr das Papier wert, auf dem sie stehen."* Vereinzelt hört man von Rechtsexperten einen kleinen Aufschrei, doch im Großen und Ganzen geht alles seinen nicht immer legalen Weg. Die EZB fühlt sich nur der Stabilität des Geldes verpflichtet und nicht dem Sparer. Deshalb ist es ihr auch egal, ob Sie als Sparer Zinsen bekommen.

Dabei sind es nicht nur die Bankkunden, die Geld verlieren, sondern auch die Kunden der Lebensversicherungsgesellschaften. Seit mehr als zwei Jahrzehnten mahnen die Politiker, einem Mantra gleich, zu mehr privater Altersvorsorge. Gut gemeint ist nicht immer auch gut gemacht. Nun müssen Tausende von Sparern erkennen, dass sie einem großen Irrtum aufgesessen sind. Die ach so vermeintlich sichere Kapitalanlage bei deutschen Versicherungsgesellschaften ist zur Makulatur geworden. Seit mehr als zwanzig Jahren befinden sich die Renditen der deutschen Lebensversicherungen auf Talfahrt.

Durchschnittliche Rendite von Lebensversicherungspolicen:

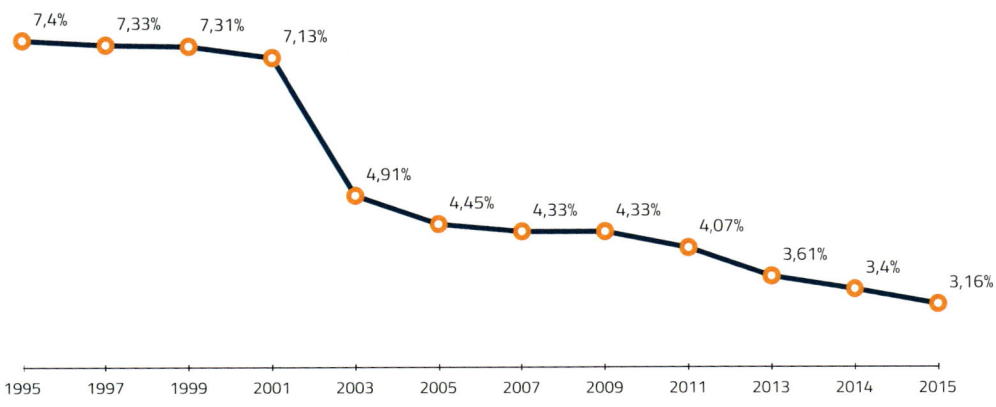

Quelle: Map-report, Durchschnitt von 45 Lebensversicherern

Wurden 1995 noch Renditen von 7,4 Prozent erwirtschaftet, sind es 20 Jahre später nur noch 3,61 Prozent. Augenscheinlich ein Verlust von 3,79 Prozent, tatsächlich aber 51 Prozent und somit mehr als die Hälfte. Renditen schwanken und können nie verbindlich garantiert werden. Einzig der Garantiezins der Lebensversicherungsgesellschaft ist ein verbindliches Versprechen. Weil das so ist und die Gesellschaften ebenfalls Probleme haben, ihre Kundengelder gut verzinst anlegen zu können, kam es in den letzten rund 40 Jahren zu einer schrittweisen Abstufung des garantierten Zinses von einst 4 Prozent auf nur noch 0,9 Prozent.

Entwicklung Garantiezins bei Lebensversicherungen von 1942 bis 2017:

Zeitraum	Garantiezins	Zeitraum	Garantiezins
1942 bis Juni 1986	3,00 %	bis Juni 2006	2,75 %
bis Juni 1994	3,50 %	bis Juni 2011	2,25 %
bis Juni 2000	4,00 %	bis Juni 2014	1,75 %
bis Juni 2003	3,25 %	seit Januar 2017	0,9 %

Wobei „Garantie" in diesem Fall nicht zwingend „garantiert sicher" bedeutet. Nicht erst seit der Reform des Versicherungsgesetzes, sondern auch durch die extrem niedrigen Zinsen leiden immer mehr Versicherungsgesellschaften. Deshalb schlug auch die Finanzaufsicht BaFin Alarm. Der oberste Versicherungsaufseher der Behörde, Felix Hufeld[2], sagte dazu: *„Ich bin nicht sicher, ob es alle Versicherer schaffen werden."* Mit anderen Worten: Einigen droht die Insolvenz. Weil so etwas auch einer deutschen, der ach so sicheren Lebensversicherungsgesellschaft passieren kann, hat der Gesetzgeber natürlich vorgesorgt. Im Versicherungsaufsichtsgesetz (VAG) § 314 heißt es dazu:

(1): „Ergibt sich bei der Prüfung der Geschäftsführung und der Vermögenslage eines Unternehmens, dass dieses für die Dauer nicht mehr imstande ist, seine Verpflichtungen zu erfüllen, die Vermeidung des Insolvenzverfahrens aber zum Besten der Versicherten geboten erscheint, so kann die Aufsichtsbehörde das hierzu Erforderliche anordnen, auch die Vertreter des Unternehmens auffordern, binnen bestimmter Frist eine Änderung der Geschäftsgrundlagen oder sonst die Beseitigung der Mängel herbeizuführen. Alle Arten Zahlungen, besonders Versicherungsleistungen, Gewinnverteilungen und bei Lebensversicherungen der Rückkauf oder die Beleihung des Versicherungsscheins sowie Vorauszahlungen darauf, können zeitweilig verboten werden. Die Vorschriften der Insolvenzordnung zum Schutz von Zahlungs- sowie Wertpapierliefer- und -abrechnungssystemen sowie von dinglichen Sicherheiten der Zentralbanken und von Finanzsicherheiten finden entsprechend Anwendung."

Vereinfacht ausgedrückt (ohne Juristendeutsch): *„Alle Arten von Zahlungen können zeitweilig verboten werden."* Schlichtweg unvorstellbar und doch bittere Realität. Sie schließen in jungen Jahren eine Lebensversicherung zur Altersvorsorge ab. Nach 45 Jahren gehen Sie in Rente und rechnen fest mit einer Auszahlung der vereinbarten Versicherungssumme bzw. Rentenzahlung. Darauf sind Sie aufgrund der gesetzlich niedrigen Rente dringend angewiesen. Dann flattert ein Schreiben ins Haus, in dem Ihnen mitgeteilt wird, dass Sie bis auf weiteres keine Zahlungen erhalten. Das ist der finanzielle Super-GAU. Wenn wir ein solches Szenario so plakativ darstellen, hagelt es von „vermeintlichen Experten" nicht selten Kritik. Sie unterstellen uns eine einseitige Sicht der Dinge. Für sie ist dieser Paragraf ein Segen. Sie sehen darin eine Art Insolvenzprophylaxe, weil die Kunden im Falle einer Insolvenz versichert bleiben. Der § 314 dient ihrer Meinung nach also dem Schutz der Kunden. Denn das Zahlungsverbot ist zum einen terminiert und zum anderen wird der zuständigen Behörde die Zeit eingeräumt, die sie benötigt, um sich einen Überblick über die finanzielle Lage der Versicherungsgesellschaft zu verschaffen.

Wie man die Tatsachen doch verdrehen kann!

Natürlich haben die Kritiker Recht mit ihrer Einlassung, doch verschweigen sie den 2. Absatz des Paragrafen. Dort heißt es:

„Unter der Voraussetzung in Absatz 1 Satz 1 kann die Aufsichtsbehörde, wenn nötig, die Verpflichtungen eines Lebensversicherungsunternehmens aus seinen Versicherungen dem Vermögensstand entsprechend herabsetzen. Dabei kann die Aufsichtsbehörde ungleichmäßig verfahren, wenn es besondere Umstände rechtfertigen, namentlich wenn bei mehreren Gruppen von Versicherungen die Notlage des Unternehmens mehr in einer als in einer anderen begründet ist. Bei der Herabsetzung werden, soweit Deckungsrückstellungen der einzelnen Versicherungsverträge bestehen, zunächst die Deckungsrückstellungen herabgesetzt und danach die Versicherungssummen neu festgestellt, sonst diese unmittelbar herabgesetzt. Die Pflicht der Versicherungsnehmer, die Versicherungsentgelte in der bisherigen Höhe weiterzuzahlen, wird durch die Herabsetzung nicht berührt."

Zu Deutsch: Sie sind als Kunde der insolventen Gesellschaft weiterhin versichert. Doch kann die Aufsichtsbehörde die Höhe der Auszahlungen neu definieren, und zwar nach „Gusto". Das allein ist schon ein Angriff auf Ihr schwer verdientes wie erspartes Geld. Doch es kommt noch dicker. Sie als Kunde haben die Pflicht, auch weiterhin die Prämien zu zahlen, und zwar in vereinbarter Höhe. Können Sie sich das vorstellen? Man teilt Ihnen mit, dass Sie fortan weniger Geld aus dem Versicherungstopf bekommen. Sie hingegen sind verpflichtet, die vereinbarte Höhe der monatlichen Prämie zu zahlen.

DAS MERK ICH MIR:

Hier lohnt sich ein genauer Blick auch auf den zweiten Absatz des „Enteignungsparagrafen" zu werfen, um das Unheil zu erkennen!

Damit nicht genug. Durch die niedrigen Zinsen fällt es den deutschen Lebensversicherungsgesellschaften immer schwerer, ihre Versprechungen zu erfüllen. Deshalb fordert die Finanzaufsicht die Gesellschaften auf, sogenannte Notreserven zu bilden. Dabei handelt es sich um alles andere als Peanuts. Es geht um mehr als 20 Milliarden Euro, die irgendwie aufzutreiben sind. Woher dieses viele Geld kommen soll, ist auch schon ausgemachte Sache. Natürlich von den Neukunden – die gibt es tatsächlich noch. Es gibt sie, die Kunden, die trotz Kenntnis der desolaten Situation deutscher Lebensversicherungsgesellschaften kein Problem damit haben, ihr sauer verdientes Geld unsicheren Kapitalanlagen anzuvertrauen.

Es sind aber nicht nur die Neukunden, die die Zeche zahlen müssen, sondern auch die „Altkunden". Inzwischen sind nämlich auch die ganz großen Lebensversicherungsgesellschaften von der „Schutzregel" betroffen. Ausscheidenden Kunden **entgehen im Vergleich zu früher vier- bis fünfstellige Summen!**[3]

Mit anderen Worten: Außer Spesen nichts gewesen.

Denn inzwischen ist klar, dass die deutschen Lebensversicherer immer mehr Geld in immer höhere Notreserven pumpen müssen, um ihre alten Zinsversprechungen, die zu einer Zeit getroffen wurden, als die Bäume noch in den Himmel zu wachsen schienen, einzulösen. Diese sogenannte Zinszusatzreserve wurde 2011 eingeführt, weil es den Versicherungsgesellschaften zunehmend schwerer fiel, die versprochenen hohen Zinsen zu erwirtschaften. Im Jahr 2000 versprachen sie ihren Kunden noch 4 Prozent Zinsen, seit Januar 2017 sind es nur noch 0,9 Prozent. Rein rechnerisch haben wir es hier mit einem prozentualen Unterschied von „nur" 3,1 Prozent zu tun.

Für Versicherungsgesellschaften ist es gut, dass der „normale" Versicherungskunde nicht in der Lage ist, das zu erkennen. Dann würde er auch wissen, dass die Zinsen nicht auf seine Einzahlungen gezahlt werden, sondern nur auf den Sparanteil, der sich aus dem eingezahlten Betrag abzüglich aller Kosten ergibt. Was am Ende übrigbleibt, fließt in den Spartopf. Wie viel das im Einzelnen ist, darüber schweigen sich die Lebensversicherungen aus. Unbestätigten Angaben zufolge können bis zu 30 Prozent Kosten anfallen. Somit bleiben nur noch 70 Prozent für die „Altersvorsorge" übrig. Was das für Ihr Geld bedeutet, zeigt folgendes Beispiel. Werfen wir zunächst einen Blick auf die durchschnittliche Verzinsung von Lebensversicherungspolicen.

Durchschnittliche Verzinsung der Policen seit 1995:

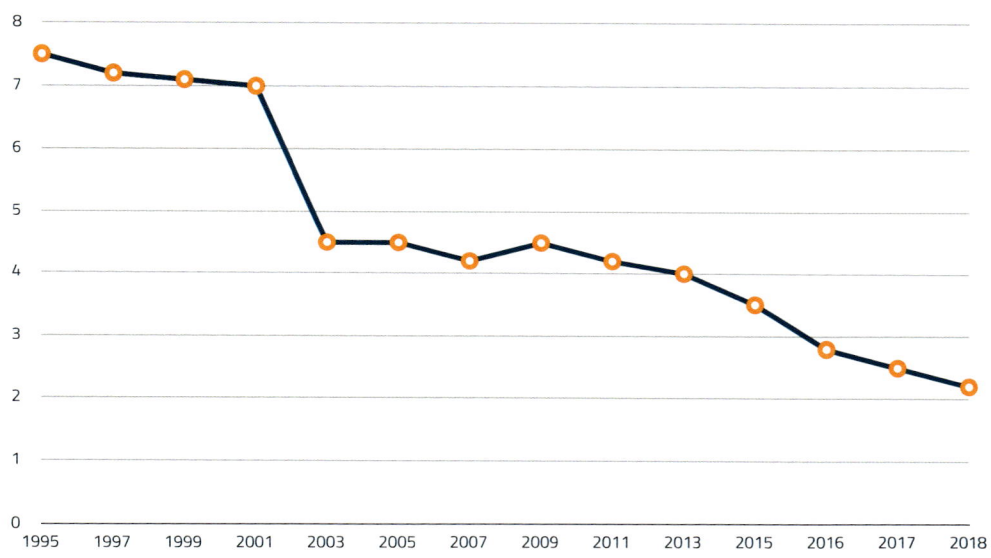

MAP, Assekurata

Nehmen wir an, Sie zahlen 100 Euro in die Lebensversicherung. Dann werden für gewöhnlich nur 70 Prozent, mithin 70 Euro, angelegt. Wenn nun, wie in 2014 rund 4,3 Prozent Zinsen gezahlt wurden, bedeutet dieses einen Zinsertrag von 3 Euro. Bezogen auf Ihre Zahlung von 100 Euro verzinst sich Ihr Kapital also nur mit 3 Prozent und nicht mit 4,3 Prozent.

Wie sollte es auch anders sein? Denn die Lebensversicherungsgesellschaften stehen wahrscheinlich vor der größten Herausforderung in ihrer Firmengeschichte. Kein geringer als der Internationale Währungsfonds (IWF) kommt im Frühjahr 2015 zu einem verheerenden Ergebnis. Von einer langweiligen weil grundsoliden Anlageform hat sich die Lebensversicherung nach Meinung des IWF gewandelt zu einer der größten Gefahren für die Stabilität des europäischen Finanzsystems.

„Das Geschäftsmodell der europäischen Lebensversicherer ist im gegenwärtigen Umfeld niedriger Zinsen schlicht nicht durchhaltbar",

schreiben die IWF-Experten[4]. Zudem haben Stresstests der europäischen Versicherungsaufsicht EIOPA dramatische Ergebnisse geliefert. Danach wäre ein Viertel der Versicherungsgesellschaften in einer längeren Niedrigzinsphase nicht in der Lage, ihre staatlichen Kapitalanforderungen zu erfüllen. Die Experten empfehlen deshalb:

„Die Herausforderungen, vor denen die Lebensversicherer stehen, müssen schnell in Angriff genommen werden. Andernfalls könnten Ausfälle und Pleiten den gesamten europäischen Finanzsektor destabilisieren."

Über diese Aussagen sind wir nicht überrascht. Seit Ausbruch der Finanzkrise war absehbar, dass diese Entwicklung insbesondere für Versicherungsgesellschaften eine gefährliche sein wird. Einfach deshalb, weil sie das Geld „falsch" anlegen. Wobei „falsch" nicht unbedingt der richtige Begriff ist. Aus Sicht des Gesetzgebers handeln die Versicherer richtig. Aus Sicht von Kapitalanlegern nicht. Die Lebensversicherungsgesellschaften investieren das Geld ihrer Anleger vornehmlich in „sichere Papiere", die aber „sicher" keine Zinsen mehr abwerfen. Die Rechnung dafür bürden sie ihren Versicherungskunden auf.

So investieren Lebensversicherungsgesellschaften das Kapital ihrer Kunden:

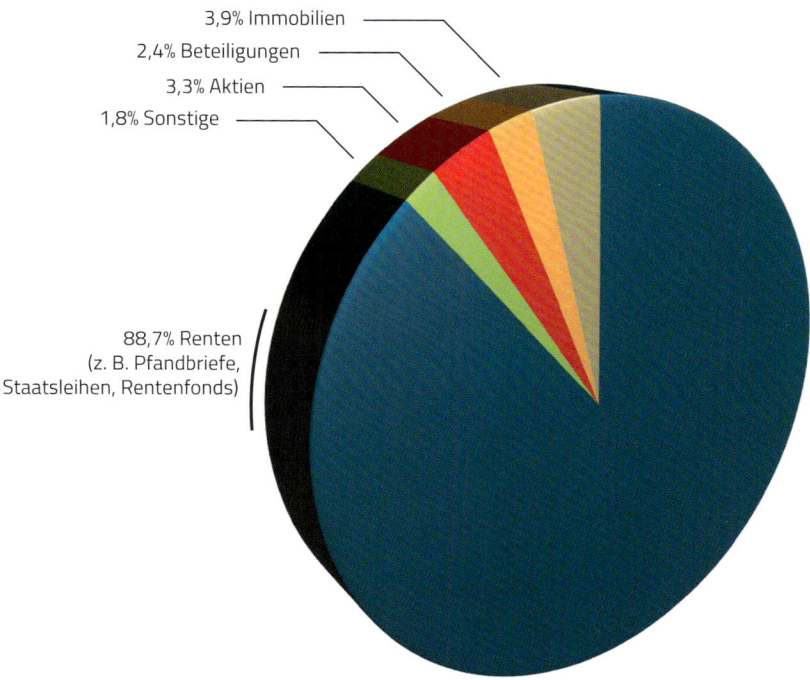

3,9% Immobilien
2,4% Beteiligungen
3,3% Aktien
1,8% Sonstige

88,7% Renten
(z. B. Pfandbriefe,
Staatsleihen, Rentenfonds)

Quelle: Gesamtverband der deutschen Versicherungswirtschaft, Zahlen von 2017, Rundungsdifferenzen

Fast 90 Prozent des Vermögens ist in festverzinslichen Wertpapieren angelegt, nur 3,3 Prozent in Aktien. Ein Blick auf den Zins- und Kursverlauf zeigt, warum den Gesellschaften langsam, aber sicher die Luft ausgeht.

Aktien (DAX von 2005-2018)

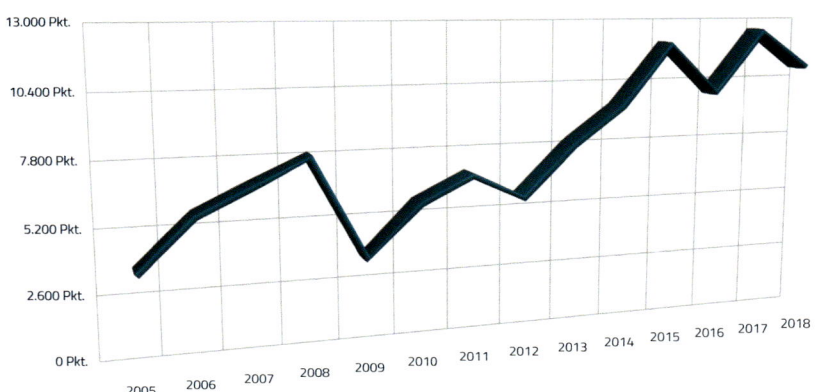

Zinsen (Umlaufrendite von 2005–2018):

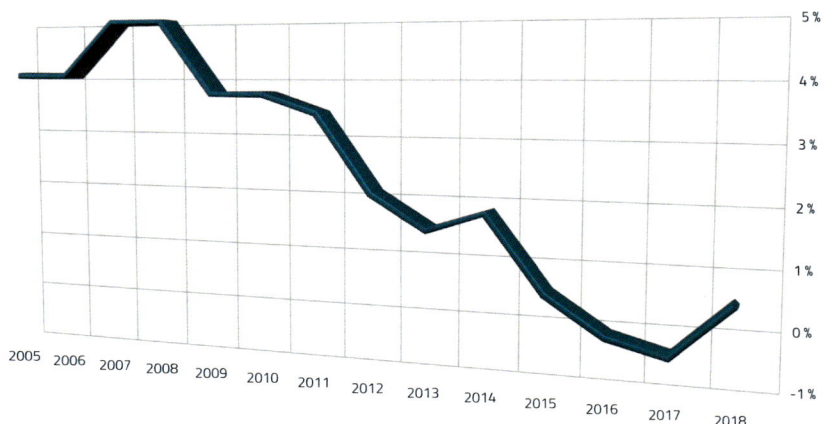

Das ist nun kein Plädoyer unsererseits, allein auf Aktien zu setzen, sondern vielmehr eine Aufforderung, verstärkt in Aktien zu investieren. An Kompetenz dürfte es den Versicherungsgesellschaften kaum fehlen. Sie beschäftigen Heerscharen von Mathematikern. Denen trauen wir durchaus zu, dass sie einen sehr guten Job machen (würden). Aber sie werden es nicht tun. Deshalb gilt:

Hilft dir selbst, dann hilft dir...!

Wer sich heute noch auf seine kapitalbildende Lebensversicherung verlässt, der ist verlassen. Denn ein weiteres Problem der Lebensversicherungsgesellschaften besteht darin, dass sie mehr Geld in den so genannten Krisentopf stecken müssen, je geringer die Überschüsse ausfallen, die an die aktuellen Kunden verteilt werden können. Deshalb müssen die ohnehin nicht üppigen Überschussbeteiligungen der neuen Kunden noch weiter gesenkt werden, damit die hohen Garantieversprechen für „Altkunden" erfüllt werden können. Damit dieser Spagat gelingt, müssen die Versicherungsgesellschaften das Geld ihrer Kunden bunkern und sich selbst arm rechnen. Ein Affront gegenüber allen ehrlichen Zahlern, die sich im Glauben an die „gute alte deutsche Lebensversicherung" häufig die monatlichen Prämienzahlungen von der Hand in den Mund absparen. Dass es aufgrund der desolaten Zinssituation im Euro-Land auch anders geht, zeigen die Österreicher. Dort ist es den Versicherungsgesellschaften ausdrücklich untersagt, diese Zinsreserven aus den Beiträgen ihrer Versicherungskunden aufzubauen. Die deutsche Bundesregierung kommentiert diese Entwicklung folgendermaßen:

„In der Tat dürften angesichts der ultraniedrigen Zinsen in den kommenden Jahren noch höhere Belastungen durch die Reservepflicht auf die Unternehmen zukommen. Ein erheblicher Anstieg der Reserve ist absehbar. Man ist sich bewusst, dass eine erhebliche Belastung auf die Ertragslage der Lebensversicherungsunternehmen zukommt."

Die Feststellung der Bundesregierung ist nichts anderes als ein monetärer Offenbarungseid. Sie sagt, dass es vorbei sei mit der Sicherheit der Lebensversicherung. Somit ist klar, dass kein Versicherungskunde mit dieser Form der Kapitalanlage verlässlich kalkulieren kann. Egal ob mit oder ohne Garantiezins!

Tatsächlich schlägt die Euro-Rettung ein neues Kapitel auf. Erst mussten die Staaten der Euro-Zone ihre Banken retten, dann die Europäische Zentralbank (EZB) die Staaten, und nun muss, nach Lage der Dinge, Deutschland seine Lebensversicherungsgesellschaften vor den Folgen der EZB-Rettungspolitik retten. Denn die Rating-Agentur Moody's Investor Service sieht inzwischen ein sehr hohes Risiko für die deutsche Lebensversicherungsbranche, sollte die Niedrigzinsphase andauern. Im direkten Vergleich mit den „Big Playern" schneidet Deutschland am schlechtesten ab. Es gibt hier sogar ein „sehr hohes Risiko":

Risikoklassen für den globalen Lebensversicherungsmarkt[5]:

Gefährdung der Ertragslage für die Branche in Stufen

Großbritanien (233 Mrd. $)
Sehr niedriges Risiko

China (152 Mrd. $)
Niedriges Risiko

USA (533 Mrd. $)
Mittleres Risiko

Japan (423 Mrd. $)
Hohes Risiko

Deutschland
(114 Mrd. $)
Sehr hohes Risiko

Man fragt sich, wie die Politik den Untergang der Versicherungsbranche vermeiden möchte. Durch Autobahnen! Ernsthaft. Der Bundesfinanzminister Schäuble will eine Infrastrukturgesellschaft für Autobahnen und Fernstraßen aufbauen, um für die Branche eine attraktive

Anlagemöglichkeit zu schaffen. Mit anderen Worten: Am Ende finanzieren die Autofahrer die Sanierung des Staatshaushaltes. So wie seinerzeit die Rente. Denn uns kann doch keiner erzählen, dass dieser Autobahnbau ohne Folgen bleiben wird. Wir sehen sie schon heute vor uns, diese Bilder:

DAS MERK ICH MIR:

Der Garantiezins ist Opium für die Versicherungs-kunden.

3. Niedriger Garantiezins

Somit ist klar: Auch der Garantiezins wird, wie beim Sparzins, nicht vom eingezahlten Betrag errechnet, sondern auf den darin enthaltenen Sparanteil, der deutlich unter 100 Prozent liegt. Damit liegt die effektive Verzinsung drastisch unter dem genannten Garantiezins von 0,9 Prozent.

Einmal angenommen, von einer monatlichen Einzahlung von 100 Euro werden 70 Euro angelegt, die restlichen 30 Euro „verschwinden" im Kostenapparat der Versicherungsgesellschaft. Die Zinsen von 0,9 Prozent erhält der Versicherungskunde somit auf 70 Euro, mithin also 0,63 Euro. Bezogen auf seine Einzahlung von 100 Euro beträgt der Garantiezins nicht 0,9 Prozent, sondern nur noch 0,63 Prozent. Diese Verzinsung reicht nicht aus, um den Geldverlust durch die Inflation zu kompensieren. Eine bittere Erkenntnis, weil die „verlorenen Sparjahre" nicht mehr nachgeholt werden können.

Weil es für die Lebensversicherungsgesellschaften immer schwieriger wird, müssen sie handeln. Sie schauen nicht tatenlos zu, wie ihr Geschäft im sprichwörtlichen Sinne den Bach heruntergeht. Das ist gut so. Doch gut gedacht ist selten auch gut gemacht, wie ein Beispiel aus dem Hause des deutschen Marktführers zeigt. Mit dieser neuen Form der kapitalbildenden Lebensversicherung macht der Branchenprimus mehr als 50 Prozent seines Neugeschäfts in der Altersvorsorge mit Verträgen, bei denen nur der Erhalt der Beiträge sowie eine lebenslange Mindestrente garantiert wird. Einen Garantiezins gibt es hier nicht. „Geködert" werden die Kunden mit dem Versprechen, dass im Gegenzug höhere Gewinne winken, wenn sich die Lage an den Kapitalmärkten verbessert. Welche Lage soll sich verbessern? Die Aktienmärkte explodieren, der Dax erzielt einen Rekord nach dem anderen, und die Versicherungsgesellschaften sprechen von „einer besseren Lage". Ein Schelm, der Böses dabei denkt?

Weil die Lage auch für den Marktführer so schwierig ist, senkte er für 2015 die Überschussbeteiligung von 3,6 auf 3,4 Prozent. Das Nachsehen haben die Kunden, die allerdings besänftigt werden.

Der Privatkundenchef sagte dazu: „Wir haben einen Abstand zum Kapitalmarktzins, den es so noch nie gab. Es war klar, dass die [...] etwas tun musste. Sie hat sich damit aber noch ein ganzes Stück über dem Durchschnitt des Marktes positioniert."[6] Mit anderen Worten: Unter den Schlechtesten der Beste. Na, das ist doch mal was. Übrigens, der Aktienkurs dieser Gesellschaft notierte Ende 2014 bei rund 140 Euro und stand mit Drucklegung dieses Buches bei 152 Euro. Mithin ein Zugewinn von 8,57 Prozent in drei Monaten.

DAS MERK ICH MIR:

Wer vor zehn Jahren keine LV-Police bei der besagten Lebensversicherung unterzeichnete, sondern eine Aktie der Versicherungsgruppe erwarb, darf sich heute über einen Gewinn von rund 55 % freuen. So viel zum Thema: Aktien sind unsicher.

Der Kursverlauf (2008-2018):

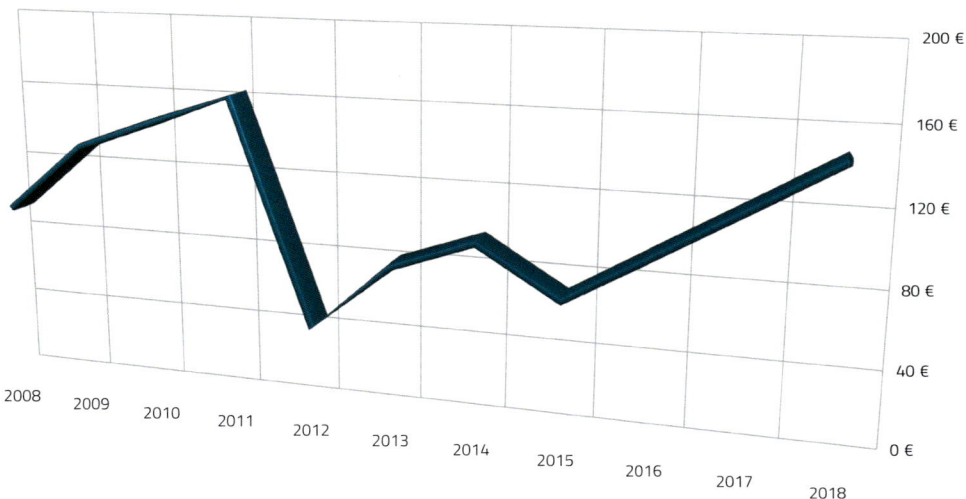

Trotz dieser Situation sollen Medienangaben zufolge bereits mehr als 100.000 Kunden die „ohne Garantiezins"-Police abgeschlossen haben!

Können die Kunden denn nicht rechnen?

Es klingt verlockend, wenn ein Versicherer verspricht, in jedem Fall, ganz egal, was kommt, zumindest die gezahlten Beiträge zu zahlen. Im Gegenzug verzichtet der Kunde auf einen festen Zinssatz. Nehmen wir an, ein Kunde zahlt monatlich 100 Euro in eine Lebensversicherung ein. Dann hat er nach 30 Jahren 36.000 Euro eingezahlt. Dieser Betrag ist ihm sicher. Doch wie ist es damit um die Kaufkraft bestellt? Bei einer Inflationsrate von 2 Prozent beträgt der „Gegenwartswert" nur noch 19.875 Euro. Damit hat der Kunde einen Kaufkraftverlust von 16.125 Euro zu „verkraften". So viel zum Thema „die Beiträge werden garantiert zurückgezahlt".

In Sachen Vermögensbildung geht es nicht ohne Zinsen! Zudem ist die Zeit so wichtig. Wer falsch spart, kann diese verlorenen Jahre nicht zurückholen. Viel wichtiger ist somit nicht zwingend die Höhe der monatlichen Sparrate, sondern das „richtige" Sparen in Verbindung mit einem frühzeitigen Start, wie nachfolgende Berechnung eindrucksvoll unter Beweis stellt.

Wer 40 Jahre Zeit hat, 200.000 Euro anzusparen, muss dafür monatlich 171 Euro aufwenden. Wem nur noch zehn Jahre bleiben, zahlt das Achtfache, nämlich monatlich 1.360 Euro. Damit beträgt der Gesamtaufwand 164.000 Euro. Rund die Hälfte weniger zahlt der Erstgenannte, obwohl er viermal länger zahlt. Wobei wir an dieser Stelle erwähnen müssen, dass dieser Vergleich ein wenig hinkt. Zum einen, weil über einen längeren Zeitraum die Zinsen deutlich schwanken. Zum anderen muss die Inflation berücksichtigt werden. Je länger die Zeit fürs Sparen, desto größer wirkt sie sich negativ auf das Ergebnis aus. Dennoch bleibt für den „Langfrist-Sparer" unterm Strich deutlich mehr.

So verändert frühzeitiges Investieren den finanziellen Gesamtaufwand (Endsumme: 200.000 Euro):

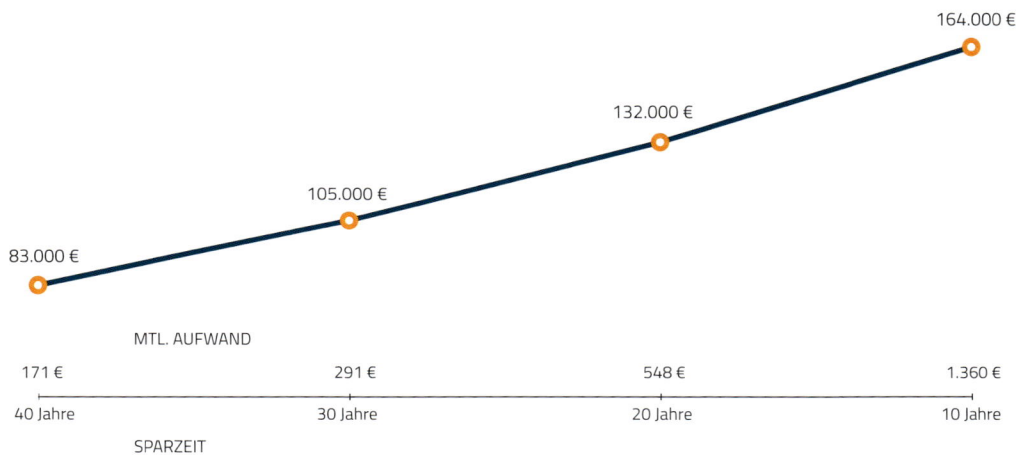

MTL. AUFWAND

171 €	291 €	548 €	1.360 €
40 Jahre	30 Jahre	20 Jahre	10 Jahre

SPARZEIT

Gesamtkosten nach x Jahren Sparzeit bei einem Endergebnis von jeweils 200.000 €; Verzinsung von 4 %

DAS MERK ICH MIR:
Je früher Sie mit dem Sparen beginnen, desto günstiger werden Sie Ihre finanziellen Ziele erreichen!

4. Deichbau

Es geht nicht darum, nicht zu sparen, sondern darum, richtig zu sparen! Richtig sparen heißt, sich mit dem Sparen richtig auseinanderzusetzen! Statt auf klassische, geldvernichtende Anlageprodukte zu setzen, kommt es mehr denn je darauf an, sein Geld effektiver arbeiten zu lassen. Mögen die Krisen noch so groß sein, es gibt immer Chancen, sich ihnen zu entziehen. Diese werden natürlich nicht auf einem silbernen Tablett dargeboten. Sich kümmern ist das Gebot der Stunde, insbesondere mit Blick auf den Euro, der, wie erwähnt, alles andere als sicher ist. So stellte z. B. der ehemalige Chefvolkswirt der EZB, Jürgen Stark, auf dem Fonds-Kongress 2015 in Mannheim fest:

„Wir haben den Krisenmodus nie verlassen. Die EZB hat nur die Illusion geweckt, dass die Probleme hinter uns liegen. Und was die Krise selbst angeht, dürfte sie im Begriff sein, wieder zu eskalieren… Die laxe EZB-Geldpolitik übertüncht die Probleme."

Auch der Wirtschafts-Nobelpreisträger Prof. Dr. Paul Krugman sieht schwarz:

„Der Euro ist wahrscheinlich nicht zu retten."

Er plädiert zwar dafür, diesen zu retten, doch glaubt er nicht daran, dass das noch möglich ist. Für ihn war es ein Fehler, den Euro einzuführen. Mit dieser Meinung steht er nicht allein da, gleichwohl haben wir das Problem mit dieser Desperado-Währung nun am Hals. Uns bleibt also gar nichts anderes übrig, als uns damit zu arrangieren – am besten sofort, bevor es zu spät ist.

Wir sehen uns hier in der Funktion eines „Deichgrafen". Natürlich ein weit hergeholter Vergleich. Dennoch, unser Unternehmen ist in Oldenburg ansässig und damit in direkter Nähe zur Nordsee. Hier können Sie sich keinem Strand nähern, ohne zuvor einen Deich überquert zu haben. An schönen Sonnentagen vermag sich niemand vorzustellen, welche Funktion diese aus Sand aufgetürmten „Berge" einnehmen. Das ändert sich im Herbst und im Winter. Da peitscht die See, und das Wasser tritt über die Ufer, manchmal so hoch, dass der Deichkrone nur noch wenige Zentimeter bleiben, um das dahinter liegende Land zu schützen. Diese Deiche wurden natürlich bei gutem Wetter, und damit im Sommer, gebaut. In einer Zeit also, wo das Ungemach noch etliche Monate entfernt ist, so wie beim Euro, wo sich, um beim Bild zu bleiben, die ersten Wellen schon bemerkbar machen.

Der Euro nimmt Kurs auf eine stürmische See. Noch ist davon wenig zu spüren. Doch dass es dazu kommen wird, steht außer Frage. Deshalb geht es jetzt darum, sich gegen die aufziehende monetäre Sturmflut zu schützen, und zwar im übertragenen Sinne mit einem Deich, der Ihr Geld, Ihr Vermögen und Ihre Finanzen schützt.

DAS MERK ICH MIR:

So wie an der Nordsee ein Deich nicht „Auf gut Glück" entsteht, sondern nach einem Plan, so halten Sie mit diesem Ratgeber ebenfalls einen Plan zur Sicherung Ihres Vermögens in Ihren Händen. Verlieren Sie nun keine Zeit mehr. Beginnen Sie mit dem Aufbau Ihres monetären Deiches. Unsere Anregungen liefern Ihnen im übertragenen Sinne das richtige Baumaterial.

„Ihr könnt darauf vertrauen, dass der Euro eine stabile Währung sein wird. Das funktioniert."

Wolfgang Schäuble
damaliger Vorsitzender
der Unionsfraktion, 1996

KAPITEL 2: REICHT'S IM ALTER?

5. Sicher ist sicher nichts

*„Geld ist ein Mittel, um alles zu haben, bis auf einen aufrichtigen Freund,
eine uneigennützige Geliebte und eine gute Gesundheit."*

George B. Shaw (1856–1950)

Wir schreiben den 16. März 2013. Im Mittelpunkt des Interesses steht die kleine Mittelmeer-insel Zypern. Hier leben weniger Menschen als in Berlin, und doch schreibt sie an diesem Tag europäische Geschichte. Die Wirtschaftsleistung dieses Staates in der Euro-Zone liegt bei unter 0,5 Prozent, und doch kommt es hier zum Super-GAU. Um das zu vermeiden, was grund-sätzlich nicht verkehrt ist, präsentieren die EU-Finanzminister einen finalen Rettungsplan, der dann auch flugs der Öffentlichkeit vorgestellt wird. An diesem denkwürdigen Tag wird den staunenden Bürgern der Euro-Zone mitgeteilt, dass man, wieder einmal, ein Land in der Eu-ro-Zone vor dem finanziellen Ruin retten wird. Im Falle Zyperns, und das ist einmalig, müssen selbst die Bürger ran, um das Land vor dem Bankrott zu retten. Der erste Entwurf sieht vor, dass, wer weniger als 100.000 Euro auf seinem Sparkonto hat, 6,6 Prozent davon abgeben muss. Ab 100.000 Euro sind es sogar 9,9 Prozent gewesen. Man hatte quasi im Eiltempo eine Steuer auf Spareinlagen eingeführt, und zwar so schnell, dass den Menschen noch nicht ein-mal Zeit blieb, diese Ankündigung zu verarbeiten. Sicherheitshalber wurden sämtliche Geld-automaten auf der Insel gesperrt und die Beträge auf den Sparkonten sofort um die entspre-chenden Beträge gekürzt.

Wer hätte gedacht, dass so etwas im demokratischen Europa möglich ist? Statt die Eigentü-mer der Banken zur Kasse zu bitten, wurden die Kunden herangezogen, um die Folgen aus dem Missmanagement der selbsternannten Elite im Nadelstreifenanzug auszubügeln. Nach heftigen Protesten aus der Bevölkerung wurde der erste Entwurf zurückgezogen. Vom Prin-zip her änderte sich wenig. Es gab nun eine Art „Freibetrag" im unteren Vermögensbereich, der nicht angetastet wurde. Im Gegenzug wurden dafür die Abgaben auf größere Summen erhöht.

Es ist wichtig, das Vorgehen auf Zypern genau zu kennen. Denn durch die politische Entschei-dung wurden die Normalbürger mitnichten verschont und augenscheinlich nur die Reichen zur Kasse gebeten. Ein Unternehmen, das Geld für die nächsten Gehälter flüssig auf dem Bankkonto vorhalten muss, kommt, je nach Unternehmensgröße, leicht über 100.000 Euro. Würde in Deutschland nach dem Zypern-Modell gehandelt, wären somit über Nacht die Guthaben weg und damit auch die Gehälter. Noch schlechter würde es den Versicherungsgesellschaften und Pensionsfonds ergehen. Auch sie halten in größerem Umfang liquide Mittel vor, die auf Bankkonten zwischengeparkt werden. Dabei handelt es sich um Gelder ihrer Kunden. Nicht viel besser erginge es einem Versicherungskunden, der sich seine Lebensversicherung hätte auszahlen lassen. Er wäre ebenfalls Opfer dieser Zwangsmaßnahme. Eine Lebensversicherung, die über 30 Jahre angespart wurde, landet schnell in einem sechsstelligen Bereich. Reich ist man damit noch lange nicht, und doch würde der Betrag anteilig zur „Rettung" herangezogen.

6. Kommt die „Entschuldungssteuer"?

Bemerkenswert ist, dass in einem solchen Fall natürlich nicht die Einlagensicherung, von der die Banker immer so gern sprechen, wenn es um die Sicherheit des privaten Geldvermögens geht, greift. Die kommt nur im Konkursfall eines Bankhauses zum Tragen. Genau diesen wollte die Euro-Zone verhindern. Deshalb dieses „Sparpaket" mit einer neuen Steuer, die die Menschen um ihr Vermögen betrügt. Doch damit ist die Geschichte nicht zu Ende. Denn einige Monate später, im Oktober 2013, forderte kein Geringerer als der Internationale Währungsfonds (IWF) eine zehnprozentige „Schulden-Steuer" auf alle Sparguthaben in der gesamten Euro-Zone[7]. Das ist nichts anderes als ein weiterer Schritt in die weltweite Enteignung von Privatvermögen. Zahlen soll diese Steuer jeder Haushalt in der Euro-Zone, auch wenn er nur über geringe Ersparnisse verfügt. Wofür die Gelder verwendet werden sollen, ist bereits festgelegt: zum einen, um die Forderungen der Banken zu befriedigen, und zum anderen, um das Schuldensystem zu retten. Dieses Konzept, so sagt der IWF, habe sich bereits nach dem Ersten Weltkrieg in Europa bewährt. In dem IWF-Bericht heißt es dazu auf Seite 49:

„Die deutliche Verschlechterung der öffentlichen Finanzen in vielen Ländern hat das Interesse an einer Zwangsabgabe auf Vermögen (capital levy) geweckt. Dies ist eine einmalige Abgabe als eine außergewöhnliche Maßnahme, um die Nachhaltigkeit der Schulden wiederherzustellen. Der Charme einer solchen Maßnahme besteht darin, dass eine solche Steuer erhoben werden kann, bevor es zu einer Steuerflucht kommen kann. Dazu muss der Glaube hergestellt werden, dass diese Maßnahme einmalig ist und niemals wiederholt wird. Die Steuer würde die Bürger nicht verstören. Einige würden sie sogar als fair empfinden."

Ich finde es geradezu zynisch, eine Steuer, die Sparvermögen enteignet, als fair zu bezeichnen. Daran ändert auch die Erklärung des IWF mit Blick auf die Alternative nichts: *„Die Voraussetzungen für eine solche Steuer müssen geschaffen werden. Doch sie müssen abgewogen werden gegen die Alternativen: diese wären die Ablehnung der öffentlichen Schulden (also Staatspleiten) oder Inflation."* Man muss sich buchstäblich die Augen reiben ob dieses dreisten Vorgehens. Es waren doch nicht die EU-Bürger, die die Finanzkrise auslösten. Banken und Staaten haben durch einen verantwortungslosen Umgang mit den ihnen anvertrauten Geldern das System an seine Grenzen gebracht. Nun aber werden nicht nur die Falschen zur Kasse gebeten, sondern das dadurch eingenommene Geld schafft auch keinen nachhaltigen Mehrwert. Die Zwangssteuer auf Vermögen kurbelt weder die Wirtschaft an noch verbessert sie die Infrastruktur. Selbst für die Bildung ist kein Cent übrig.

Besonders prekär: Die Deutsche Bundesbank, die sich zu allen Zeiten schützend vor ihre Sparer stellte, überraschte Ende Januar 2014 mit einer sensationellen Mitteilung in ihrem Monatsbericht[8]. Hier griff sie überraschend den Vorschlag des IWF für eine 10-prozentige Zwangsabgabe auf Sparguthaben auf und erklärte, dass eine solche Steuer „in absoluten Ausnahmesituationen" erhoben werden könnte. Eine solche Abgabe

„entspräche dem Prinzip der Eigenverantwortung, nach dem zunächst die eigenen Steuerzahler für Verbindlichkeiten ihres Staates einstehen, bevor die Solidarität anderer Staaten gefordert ist",

schreibt die Notenbank in ihrem Monatsbericht.

DAS MERK ICH MIR:

Vertrauen Sie Ihr Vermögen keiner Bank an. Getreu dem Motto: „Nicht alle Eier in einen Korb legen" kommt es mehr denn je darauf an, sein Geld breit zu streuen.

7. „Sicher ist, dass nichts sicher ist.
Selbst das nicht!"

Somit erleben wir heute das, was einst der deutsche Schriftsteller Joachim Ringelnatz (1883-1917) schrieb: *„Sicher ist, dass nichts sicher ist. Selbst das nicht!"* Das darf Sie aber nicht davon abhalten, in Untätigkeit zu verfallen. Sie können nur jetzt die richtigen Entscheidungen treffen. Gleichsam so, wie es einst Sir Peter Ustinov (1921-2004) formulierte: *„Jetzt sind die guten alten Zeiten, nach denen wir uns in zehn Jahren zurücksehnen."* Wir haben nur dieses eine Leben, das, wie sollte es anders sein, immer nur nach vorne gelebt werden kann. Wir können keinen einzigen Schritt zurückgehen. Während die Politiker, die nicht ganz schuldlos sind am finanziellen Debakel der Neuzeit, ihre Pensionen von Steuereinnahmen finanziert bekommen, muss der „Normalsterbliche" sehen, wie er finanziell überlebt.

Dabei geht es doch mehr als nur ums nackte Überleben. Es geht um Lebensqualität. Fehlt es daran, wird jeder Tag zur Qual, und die Zahl der sogenannten „Burn-out"-Probleme steigt. Im Jahr 2020, so die Weltgesundheitsorganisation (WHO), wird die chronische Depression die zweithäufigste Erkrankung – nach den Herzkreislauferkrankungen – weltweit sein. Eine Studie des Robert-Koch-Instituts (RKI) bestätigt: *„Armut macht krank und Krankheit arm."*[9] Das wusste bereits der irische Dichter George B. Shaw:

> *„Geld ist das wichtigste Ding auf der Welt. Es bedeutet Gesundheit, Kraft, Ehre, Edelmut und Schönheit ebenso einleuchtend und unleugbar, wie sein Mangel Krankheit, Schwäche, Schande, Gemeinheit und Hässlichkeit bedeutet. Nicht die geringste seiner Wunderkräfte ist es, dass es gemeine Menschen ebenso sicher zugrunde richtet, wie es vornehme Menschen kräftigt und veredelt. Es ist mit einem Worte nur dann ein Fluch, wenn wahnwitzige soziale Verhältnisse das Leben selbst zum Fluch machen."*

Deshalb ist es so wichtig, sich beizeiten um seine Finanzen zu kümmern, statt sich ergeben dem Schicksal auszuliefern. Sie haben heutzutage gute Chancen, trotz aller Krisen das Beste aus Ihrem Geld zu machen. Einzig auf das Know-how kommt es an. Handeln Sie jetzt. Wir wissen nicht, wie alt Sie sind. Aber eines wissen wir sehr genau: Für einen Neuanfang, zumindest in monetärer Hinsicht, ist es nie zu spät.

DAS MERK ICH MIR:

Wer wenig Geld hat, wird eher krank und stirbt früher. Als arm kann aber auch gelten, wer sich arm fühlt. Wie stark das subjektive Armutsempfinden die Gesundheit beeinträchtigt, haben Ökonomen erstmals für die Altersgruppe der über 50-Jährigen nachgewiesen. Ihre Studie für Deutschland und elf weitere europäische Länder zeigt: Ältere Menschen, die sich selbst als arm einschätzen, erkranken deutlich häufiger (38 Prozent) und erleiden eher einen gesundheitlichen Rückschlag (48 Prozent). Auch die Wahrscheinlichkeit, früher zu sterben, ist bei ihnen weitaus höher – bei Männern dieser Altersgruppe um 40 Prozent.

Wer finanzielle Freiheit anstrebt, muss nicht nur über Geld reden. Reden allein löst kein Problem. Auf das Tun kommt es an. So wie Sie nie versuchen können, einen Ball zu werfen (Sie können nur werfen oder nicht), so können Sie auch nie versuchen, zu Geld zu kommen. Entweder wollen Sie Geld oder nicht. Dazwischen gibt es nichts. Die Tatsache, dass Sie zu diesem Buch gegriffen haben, zeigt, dass Sie die richtige Entscheidung getroffen haben: Sie wollen sich um Ihr Geld kümmern. Das ist gut so.

Es ist ja nicht nur die Eurokrise, die vielen die Sorgenfalten auf die Stirn treibt, sondern ausgerechnet von „Vater Staat" geht eine viel größere Gefahr aus. Schließlich valutieren die Staatsschulden inzwischen seit Jahren bei ca. zwei Billionen Euro.

Entwicklung der Staatsschulden in Deutschland (in Mill. Euro):

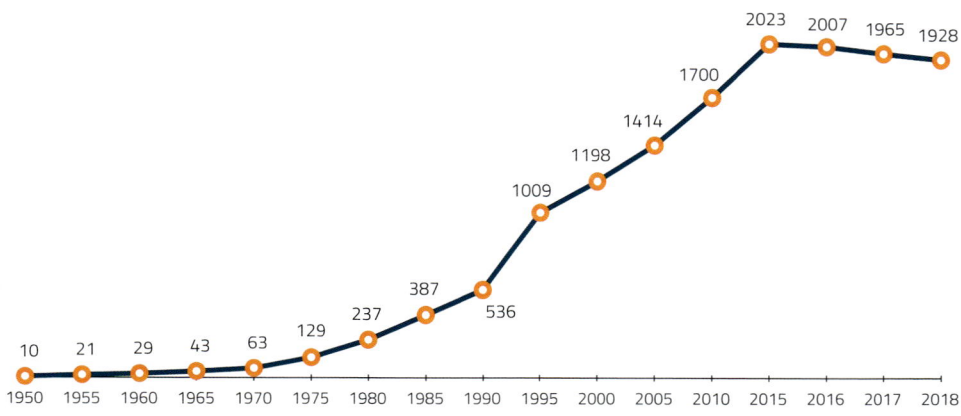

Quelle: BFM; Zahlen gerundet

8. Noch mehr Schulden!

Nimmt man dann noch die sogenannten impliziten Schulden dazu, also Verpflichtungen, die der Staat gegenüber seinen Bürgern in Form von u. a. Renten- und Krankenversicherung eingegangen ist, dann ist die Rede von über acht Billionen Euro Schulden. Kaum vorstellbar, dass es einer Regierung gelingen wird, diese zu tilgen. Und so löst ein Kredit den anderen ab. Somit steht nicht die Frage im Raum, ob dieses System überleben kann, sondern wann es kollabiert.

Das Problem liegt im sogenannten Zinseszins. Wenn Sie heute 100 Euro zu fünf Prozent anlegen, dann haben Sie in einem Jahr einen Betrag von 105 Euro. Darauf erhalten Sie ein Jahr später ebenfalls fünf Prozent Zinsen gutgeschrieben. So freuen Sie sich über einen Betrag von 110,25 Euro. Sie haben auf die erste Zinsgutschrift von fünf Euro nun fünf Prozent Zinsen bekommen – den Zinseszins. Weil dieses System von Millionen von Menschen genutzt wird, muss es irgendwann an seine Grenzen stoßen. Geld ist zwar beliebig vermehrbar, solange es Papier zum Drucken gibt. Doch fußt jedes Währungssystem auf Vertrauen. Fehlt es daran, gerät es aus den Fugen. Die Finanzkrise, die 2007 ausbrach, ist nicht zuletzt auch auf fehlendes Vertrauen zurückzuführen. Bisher liehen sich die Banken untereinander Geld. Sie vertrauten einander. Dann gab es erste Anzeichen für einen globalen Geld-Crash, und schwupps war es vorbei mit dem Vertrauen. Die Banken horteten ihr Geld, statt es untereinander zu verleihen. Durch dieses Verhalten entzogen sie dem Wirtschaftskreislauf das Geld. Geld ist wie Blut. Fehlt es daran, droht die Wirtschaft unterzugehen. Deshalb mussten Staaten wie Notenbanken mit waghalsigen „Rettungspaketen" in die Bresche springen, um einen Totalzusammenbruch zu vermeiden.

Die Geschichte beweist somit immer wieder, dass ein auf Zinsen aufgebautes Währungssystem nicht überleben kann, einfach deshalb, weil es sich immer exponentiell entwickelt. Welche Brisanz in dieser Entwicklung steckt, lässt sich an einem simplen Beispiel verdeutlichen. Stellen Sie sich bitte vor, Sie wären im Besitz eines Teichs. Das klare Wasser gibt den Blick bis auf den Boden frei. Nun nehmen Sie eine Wasserrose und setzen diese in der Mitte des Sees aus. Diese Rose verfügt über eine besondere Gabe. Sie verdoppelt in jeder Woche ihre Anzahl. Nach einer Woche sehen Sie eine zweite Rose. In der zweiten Woche bereits vier. In der dritten Woche sind es acht, in der vierten schon 16. Nach einigen Wochen ist ein Viertel des Sees von Wasserrosen übersät. Es dauert nun nur noch eine Woche, dann ist die Hälfte des Sees bedeckt. Nach einer weiteren Woche ist der gesamte See zugedeckt. Sie sehen, es hat Wochen, vielleicht sogar Monate gedauert, bis ein Viertel des Sees zugewachsen war. Doch es dauerte keine zwei Wochen mehr, bis das glasklare Wasser unter einer Schicht Wasserrosen verschwand.

Unter diesem exponentiellen Wachstum leidet unser Geldsystem. 1950 lag die Staatsverschuldung bei zehn Milliarden Euro. Anfang 2000 war es eine Billion Euro, also 1.000 Milliarden Euro. 13 Jahre später war es bereits mehr das Doppelte, über zwei Billionen Euro.

DAS MERK ICH MIR:
Wenn Sie „richtig sparen", erleben Sie denselben Effekt!

In der folgenden Tabelle sehen Sie, wie sich ein Sparplan entwickelt, wenn Sie 200 Euro zu unterschiedlichen Zinssätzen anlegen.

9. Das „2=4-Sparen"

Entwicklung eines Einzahlungsplans von mtl. 200 Euro:

Anlagezeitraum	Ihre Einzahlung	5 %	6 %	7 %	8 %
20 Jahre	48.000 €	81.508 €	91.155 €	102.120 €	114.588 €
25 Jahre	60.000 €	117.647 €	135.954 €	157.553 €	183.057 €
30 Jahre	72.000 €	163.771 €	195.906 €	235.302 €	283.661 €
35 Jahre	84.000 €	222.640 €	276.135 €	344.350 €	431.482 €
40 Jahre	96.000 €	298.000 €	383.500 €	497.300 €	648.700 €

Zahlen teilweise gerundet, Erträge wieder angelegt

Nehmen wir an, Ihr Geld wird während der Laufzeit mit 6 Prozent verzinst. Sie zahlen monatlich 200 Euro, dann haben Sie in zwanzig Jahren 48.000 Euro eingezahlt. Auf Ihrem Konto stehen fast 92.000 Euro (vor Steuern). Das ist nahezu eine Verdoppelung des eingesetzten Kapitals. Wenn Sie dagegen, natürlich nur beispielhaft, Ihr Geld doppelt so lange einsetzen, also 40 Jahre, dann zahlen Sie natürlich auch das Doppelte, nämlich 96.000 Euro. Jetzt aber wirkt das Gesetz der Vermehrung:

$$2=4$$

Sie haben Ihren Einsatz verdoppelt von 48.000 auf 96.000 Euro. Das führt aber nicht zur Verdoppelung des Guthabens am Ende der Laufzeit, sondern zur Vervierfachung! Nach zwanzig Jahren haben Sie rund 92.000 Euro auf dem Konto, nach 40 Jahren fast 384.000 Euro! Sie sehen, so wirkt die Vermögensformel.

DAS MERK ICH MIR:
Vermögen = Geld (Sparkapital) x Zeit x Rendite.
Aber nur, wenn Sie auch richtig sparen!

10. Mit dem „richtigen Sparen" beginnen

Sie haben sicher schon den Song „One day" des israelischen Folk-Rock-Musikers Asaf Avidan mit seiner wunderbaren Falsettstimme gehört. Der Refrain des Songs ist es, der zum Nachdenken zwingt:

> *„One day baby, we'll be old. Oh baby, we'll be old and think of all the stories*
> *that we could have told."*

Zu Deutsch: *„Eines Tages, Baby, werden wir alt sein! Oh Baby, werden wir alt sein! Und dann denken wir an all die Geschichten, die wir hätten erzählen können."* Wie Recht er doch hat! Er singt im Konjunktiv: *„...die wir hätten erzählen können."*

Auch Sie werden im Alter vielleicht über Dinge erzählen können, die Sie möglicherweise nicht getan haben, wie z. B. in jungen Jahren den Grundstein für ein Vermögen zu legen. Das könnte sich rächen angesichts der demografischen Entwicklung. Zum einen, weil es in Deutschland immer weniger junge Menschen geben wird. Zum anderen, weil wir immer älter werden.

Auf dass wir alle (noch) älter werden. Die Chancen dafür waren noch nie so groß wie heute. Vor 100 Jahren lag die durchschnittliche Lebenserwartung bei 49 Jahren. Heute hat jedes zweite Neugeborene gute Chancen, über 100 Jahre alt zu werden. Die UN zählt inzwischen mehr als 340.000 Hundertjährige. Bis zum Jahr 2050 dürften es zehnmal so viele sein, rund 3,2 Millionen. Verbesserte Lebensumstände, bessere Vorsorge und medizinische Errungenschaften haben zu dieser Entwicklung beigetragen. Und ein Ende ist nicht abzusehen. Die Wissenschaftler Jim Oeppel von der Cambridge University und James Vaupel vom Rostocker Max-Planck-Institut unterstützen diese Meinung. Sie prognostizieren eine kontinuierliche Lebensverlängerung ohne Obergrenze:

> *„Ein sehr langes Leben ist nicht das entfernte Privileg zukünftiger Generationen. Ein sehr langes Leben ist das Schicksal vieler Deutscher schon heute. Die Hälfte der 60-jährigen Zuschauer dieser Sendung wird vermutlich älter als 90. Und die Hälfte der 30-jährigen Zuschauer wird vermutlich älter als 95. Ein heutzutage in Deutschland geborenes Baby schließlich hat gute Chancen, seinen hundertsten Geburtstag zu feiern, und zwar dann im 22. Jahrhundert."*[10]

DAS MERK ICH MIR:

Je älter die Menschen werden, desto mehr steht die Frage im Vordergrund: „Reicht das Geld bis zum Tod?" Die gesetzliche Rente sicher allein nicht (mehr). Deshalb muss die private Altersvorsorge auf einen immer längeren Zeitraum ausgedehnt werden.

Durchschnittliche Rentenbezugsdauer (in Jahren):

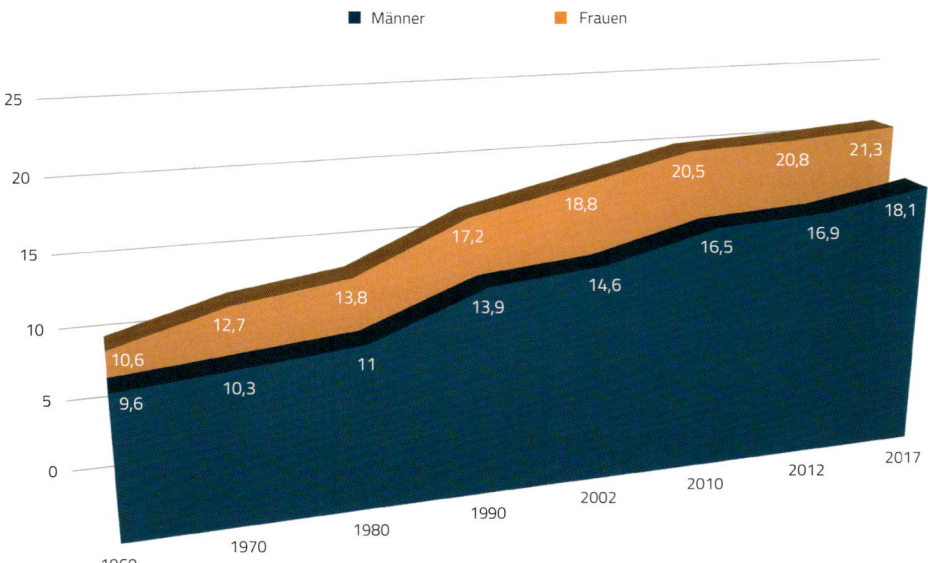

Quelle: Deutsche Rentenversicherung; nur Zahlen aus Westdeutschland

Die Zahlen der Deutschen Rentenversicherung zeigen einen deutlichen Trend. Seit den 1960er-Jahren hat sich die Lebenszeit nach Ende des Arbeitslebens verdoppelt. Waren es damals „nur" zehn Jahre, so dauert der Ruhestand heute mindestens 20 Jahre. Tendenz steigend, wie auch die Zahlen der Deutschen Aktuarvereinigung eindrucksvoll belegen.

Die folgende Tabelle zeigt Ihre Lebenserwartung:

Alter	Frauen	Männer	Alter	Frauen	Männer
0	103,59	99,89	50	95,75	91,61
5	103,00	99,24	55	95,10	91,05
10	102,19	98,32	60	94,51	90,59
15	101,36	97,38	65	94,02	90,28
20	100,54	96,50	70	93,70	90,29
25	99,71	95,65	75	93,68	90,70
30	98,86	94,78	80	94,06	91,61
35	98,02	93,90	85	95,11	93,28
40	97,21	93,06	90	97,23	95,89
45	96,45	92,29	95	100,37	99,36

Quelle: Deutsche Aktuarvereinigung

11. Woher kommt das Geld für ein langes Leben?

Ein langes Leben ist durchaus etwas Reizvolles, vorausgesetzt man ist gesund und die Rente reicht für ein „normales" Leben. Genau das dürfte immer schwieriger werden. Aufgrund des in Deutschland geltenden Generationenvertrages wird sich ein Problem um die Rente entwickeln. Wobei schon der Name „Rentenversicherung" in die Irre führt. Es handelt sich nicht wirklich um eine Versicherung. In diesem Fall müssten die vereinnahmten Gelder angelegt werden und durch Zinsen vermehrt werden. Genau das passiert nicht. Bei der deutschen Rentenversicherung wird kein Geld angelegt. Die Einnahmen werden im selben Moment wieder ausgegeben. Die Einnahmen der Rentenkasse ergeben sich zum einen aus einer staatlichen Unterstützung und zum anderen durch die Einkommensbezieher. Letztere bezahlen den höheren Anteil. In diese Rentenkasse zahlen Sie als Angestellter und Arbeiter sowie Ihr Arbeitgeber gemeinsam ein, derzeit rund 19 Prozent vom Bruttoeinkommen. Dieses Geld wird gebraucht, um einem Rentner seine Rente auszuzahlen. Solange deutlich mehr Menschen arbeiten als Rentner Rente beziehen, geht die Rechnung auf. Das Problem: Deutschland ergraut! Nach Japan ist es das Land mit den ältesten Bürgern bei gleichzeitig stark sinkender Geburtenrate.

Die „Last" mit den Rentnern:

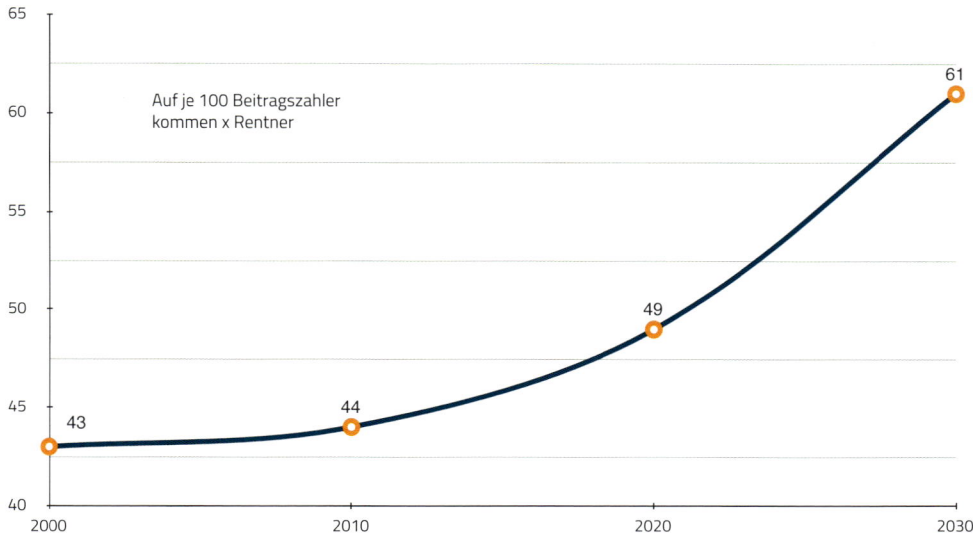

Im Jahr 2000 kamen auf 100 Beitragszahler „nur" 43 Rentner, im Jahre 2030 wird sich diese Zahl auf 61 erhöhen. Also 100 arbeitende Menschen sollen dann 61 Rentner finanzieren. Das ist ein Problem, das andere folgt sogleich. Die Menschen leben länger. Gut für den Menschen, schlecht für das Rentensystem. Durch ein langes Leben steigt natürlich auch die Rentenbezugszeit. 1960 lag die Rentenbezugzeit bei knapp 10 Jahren. Rentner genießen heute 17 Jahre lang ihre Rente.

Auf einen „Alten" kommen so viele arbeitende „Junge":

HEUTE   2030

Nach Prognosen des Deutschen Statistischen Bundesamtes könnte es im Jahre 2030 rund 28 Millionen ältere Bürger geben. Darunter fallen alle Menschen über 60 Jahre. Demgegenüber stehen nur noch 14 Millionen jüngere Menschen (im Alter von unter 20 Jahren). Noch vor 50 Jahren war jeder Dritte ein junger Mensch unter 20 und nur jeder Siebte älter als 59. Heute ist dagegen nur noch jeder Fünfte unter 20, während bereits fast jeder Vierte das Senioren-alter erreicht hat. Die Prognosen gehen davon aus, dass im Jahre 2050 nur noch jeder Sechs-te unter 20, aber jeder Dritte bereits älter als 60 Jahre sein wird. Diese Zahlen verdeutlichen, dass der Alterungsprozess unserer Gesellschaft mit all seinen negativen Folgen nicht mehr aufzuhalten ist.

Anteil der Rentenempfänger im Verhältnis zu den beitragszahlenden Arbeitnehmern:

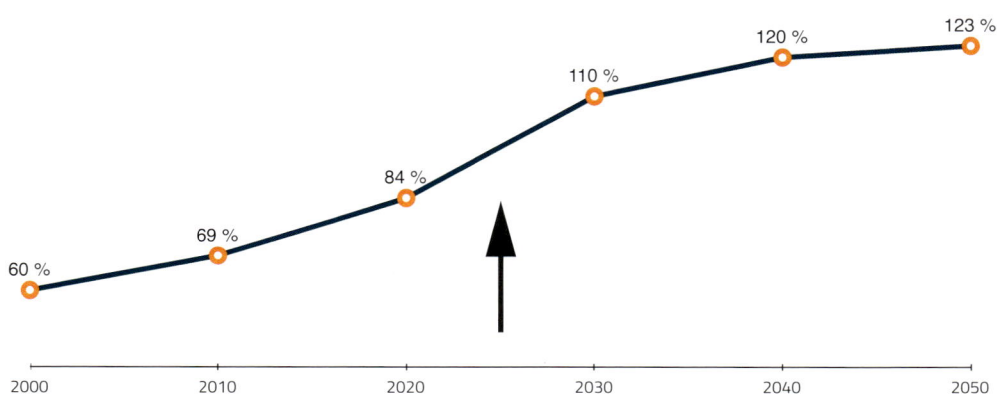

Quelle: Deutsches Institut für Altersvorsorge

Sie sehen hier sehr deutlich, dass der Scheitelpunkt in etwa 2025 erreicht werden wird. Dann gibt es genauso viele Rentenempfänger wie Beitragszahler.

Die derzeitige Altersstruktur wird entscheidend die Entwicklung der nächsten Jahrzehnte prägen. Die heute 60-Jährigen werden ab dem Jahr 2020 in das Seniorenalter überwechseln. Weil diese Altersgruppe aus der geburtenstärksten Zeitphase kommt, ist daher mit einem überdurchschnittlichen Zuwachs an Rentnern zu rechnen, und genau das wird uns allen noch sehr viel Kopfzerbrechen bereiten. Jeder Viertklässler ist in der Lage darzustellen, dass die Rechnung um die Rente nicht aufgehen kann.

Gut, dass wir so schlaue Politiker haben. Die haben bekanntlich für alles eine Lösung. So auch der ehemalige Sozialminister, Franz Müntefering, der bei der Vorstellung des Rentenberichts (2006) sagte:[11]

> *„Von der gesetzlichen Rente allein kann der Lebensstandard im Alter nicht mehr gehalten werden. Die Menschen müssen mehr vorsorgen – und da kann man Verschiedenes versuchen: Balalaika spielen oder Lotto spielen, Riester-Rente oder betriebliche Versicherung machen."*

Diese Aussage ist ein rentenpolitischer Offenbarungseid und ein Affront gegenüber den Menschen, die treu und brav einen nicht unerheblichen Teil ihres Einkommens in die Sozialkassen einzahlen. Sollen sie wirklich in die Fußgängerzone gehen und Balalaika spielen, obwohl sie über Jahrzehnte hinweg in eine Pflichtversicherung eingezahlt haben? Seine Nachfolgerin im Amt, Frau Dr. Ursula von der Leyen, sagte ein paar Jahre später:

„Viele realisieren nicht, dass auch sie von Altersarmut bedroht sind, und dass sie zwingend eine zusätzliche Altersvorsorge brauchen, um der Armutsfalle im Rentenalter zu entkommen."

Resümee: keine Ahnung, und davon eine ganze Menge! Sie schwieg sich schon damals darüber aus, wie jemand private Vorsorge betreiben soll, wenn es um das richtige Finanzwissen schlecht bestellt ist. Darüber hinaus gibt es auf klassische Kapitalanlageprodukte, die für gewöhnlich für die Altersvorsorge herangezogen werden, keine Zinsen. Angesichts der politischen Entscheidungen eine Katastrophe. Aufgrund der beschlossenen Rentenreformen sinkt das Rentenniveau bis 2030 von derzeit 51 Prozent auf 43 Prozent des durchschnittlichen Nettolohns – vor Steuern! Denn auch das ist für die heutige Generation der Arbeitenden neu. Sie müssen ihre Renten versteuern. Die „alten" Rentner sind davon weniger bis gar nicht betroffen.

2002 schrieb Frau von der Leyen in einem Brief an die Junge Gruppe in der Unionsfraktion Folgendes:[12]

„Es steht nicht mehr und nicht weniger als die Legitimität des Rentensystems für die junge Generation auf dem Spiel... Diese Menschen, die 35 Jahre in die Rentenkasse eingezahlt und keine private Vorsorge betrieben haben, müssen mit dem Tag des Renteneintritts den Gang zum Sozialamt antreten."

DAS MERK ICH MIR:
Wer sich auf die gesetzliche Rente verlässt, der ist verlassen! Nur „richtiges Sparen" schützt vor Altersarmut!

12. Kinder haften für ihre Eltern

„Betreten der Baustelle verboten. Eltern haften für ihre Kinder", so steht es vielerorts auf Baustellenschildern. Das könnte sich schon bald ändern:

Ein Sprichwort sagt: *„Ein Mann muss drei Dinge im Leben tun: ein Haus bauen, einen Sohn zeugen und einen Baum pflanzen."* Also zeugen sie und bauen ein Haus. Fortan sind die Eltern für die Kinder verantwortlich. Doch aufgrund der längeren Lebenszeit kommt es, insbesondere zum Ende des Lebens, zu einer Kehrtwende. Dann heißt es: Kinder haften für ihre Eltern!

Wenn Eltern die Kosten für ihre Pflege nicht selbst aufbringen können, greift der Gesetzgeber auf die Kinder zurück. Dabei geht es mitnichten um Peanuts. Die bisherigen Pflegestufen 0, I, II und III werden durch fünf Pflegegrade abgelöst, die auch geistige und seelische Beeinträchtigungen berücksichtigen. Neu ist ab 2017 der Pflegegrad 1 bei leichten Einschränkungen.

Dieser umfasst Hilfen, die früher ansetzen als bisher. So erhält der Betroffene beispielsweise eine Pflegeberatung oder finanzielle Zuschüsse für die Verbesserung des Wohnumfelds. In der häuslichen Pflege steigen die Pflegegeldbeträge und die Pflegesachleistungen. In der stationären Pflege hingegen werden die Leistungen für Pflegebedürftige der Pflegegrade 2 und 3 abgesenkt. Für Heimbewohner in den Pflegegraden 2 bis 5 wird es ab 2017 einen einheitlichen Eigenanteil geben. Bisher wurden mit jeder Höherstufung der Pflegebedürftigkeit auch höhere Pflegekosten fällig. Künftig bezahlen alle Heimbewohner, unabhängig vom Pflegegrad, einen gleich hohen Beitrag.

Systemreform der Pflegebedürftigkeit ab 2017:

alt: Pflegestufe	>>>>>	neu: Pflegegrade
	leichte Einschränkungen	Pflegegrad 1
Ohne Anerkennung einer Pflegestufe	mit eingeschränkter Alltagskompetenz	Pflegegrad 2
Pflegestufe I		Pflegegrad 2
	mit eingeschränkter Alltagskompetenz	Pflegegrad 3
Pflegestufe II		Pflegegrad 3
	mit eingeschränkter Alltagskompetenz	Pflegegrad 4
Pflegestufe III		Pflegegrad 4
	mit eingeschränkter Alltagskompetenz	Pflegegrad 5
Härtefälle		Pflegegrad 5

Quelle: PKV-Datenbank

Wenn Sie glauben, nicht „richtig sparen" zu müssen, weil Sie im Alter buchstäblich von der Hand in den Mund leben wollen, dann ist das eine sehr egoistische Entscheidung. Kein Mensch kann verbindlich vorhersagen, wie seine letzten Lebensjahre aussehen werden. Doch mit an Sicherheit grenzender Wahrscheinlichkeit lässt sich heute sagen, dass mit zunehmendem Alter die Gefahr, ein Pflegefall zu werden, signifikant steigt.

Die Kosten dafür den Kindern aufzubürden, ist unverantwortlich!

Nach aktueller Rechtsprechung müssen Kinder für ihre Eltern auch dann zahlen, wenn sie seit Jahren keinen Kontakt mehr hatten. So urteilte der Bundesgerichtshof (XII ZB 607/12) Anfang 2014. In dem konkreten Fall ließen sich die Eltern eines Sohnes, Jahrgang 1953, 1971 scheiden. Mit der Zeit riss der Kontakt zwischen Vater und Sohn ab. In einem notariellen Testament bestimmte der Vater, dass sein Sohn nur den Pflichtteil erhalten sollte, da er zu ihm seit 27 Jahren keinen Kontakt mehr hatte. Nach dem Tod des Vaters nahm das Sozialamt, das für die Heimkosten des Vaters aufgekommen war, den Sohn in die Pflicht und forderte einen Betrag von über 9.000 Euro. Dieser lehnte ab, klagte, verlor, ging in die nächste Instanz und verlor nun vor dem höchsten Gericht. Die Richter begründeten ihre Entscheidung damit, dass der Vater sich während der ersten 18 Lebensjahre seines Sohnes und damit in einer Phase, in der die intensive elterliche Fürsorge von besonderer Bedeutung ist, kümmerte. Darüber hinaus könne sich der Sohn nicht auf ein „verfehltes" Testament berufen, das für ihn nur den Pflichtanteil vorsah. Es gelte die verfassungsrechtlich geschützte Testierfreiheit.

DAS MERK ICH MIR:
Ohne Sparvermögen bürden Sie Ihren Kindern finanzielle Verpflichtungen auf, die sie unter Umständen an ihre monetäre Grenze bringen können.

13. Gut verpflegt?

Die Deutschen sind viel zu blauäugig. Sie gehen ernsthaft davon aus, dass sie mit ihrem Ersparten ihre Pflege allein bezahlen können. Ein teurer Irrtum, der auf den Rücken der Kinder ausgetragen werden muss, wenn es hart auf hart kommt.

Vorsorge, finanzielle und rechtliche, ist somit dringend geboten, wenn im Krankheitsfall oder im Alter kein fremdbestimmtes Leben gelebt werden soll. Doch neuere Studien[13] beweisen, dass sich noch viel zu wenige Menschen ernsthaft im Klaren darüber sind, was es bedeutet, sich nicht zu kümmern.

Wie sorgen Sie privat für den Fall der Pflegebedürftigkeit vor?

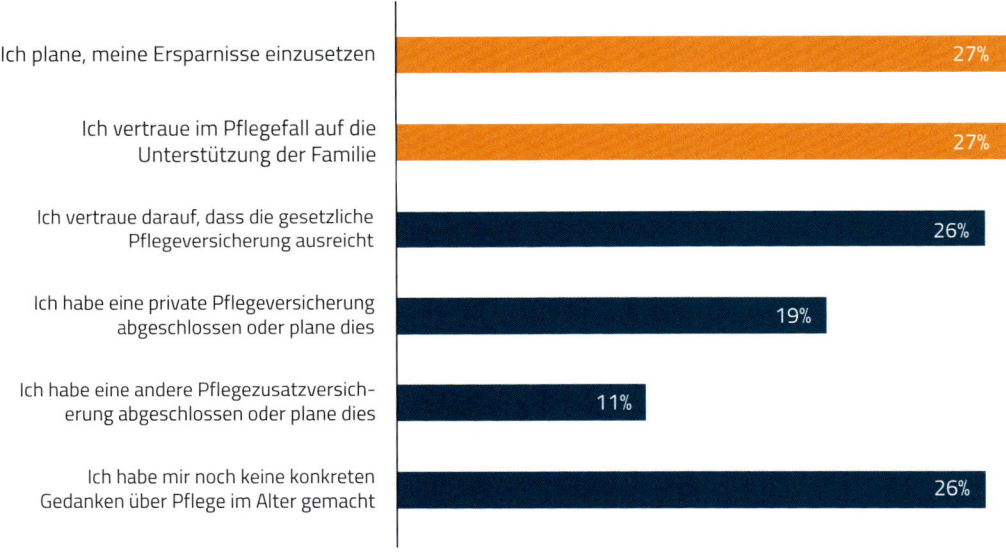

Ich plane, meine Ersparnisse einzusetzen	27%
Ich vertraue im Pflegefall auf die Unterstützung der Familie	27%
Ich vertraue darauf, dass die gesetzliche Pflegeversicherung ausreicht	26%
Ich habe eine private Pflegeversicherung abgeschlossen oder plane dies	19%
Ich habe eine andere Pflegezusatzversicherung abgeschlossen oder plane dies	11%
Ich habe mir noch keine konkreten Gedanken über Pflege im Alter gemacht	26%

Quelle: Basler Versicherungen; Cash-Magazin 7/2014

Es muss gehandelt werden, denn die Zahl der Pflegebedürftigen steigt signifikant.

So entwickelt sich die Zahl der Pflegefälle:

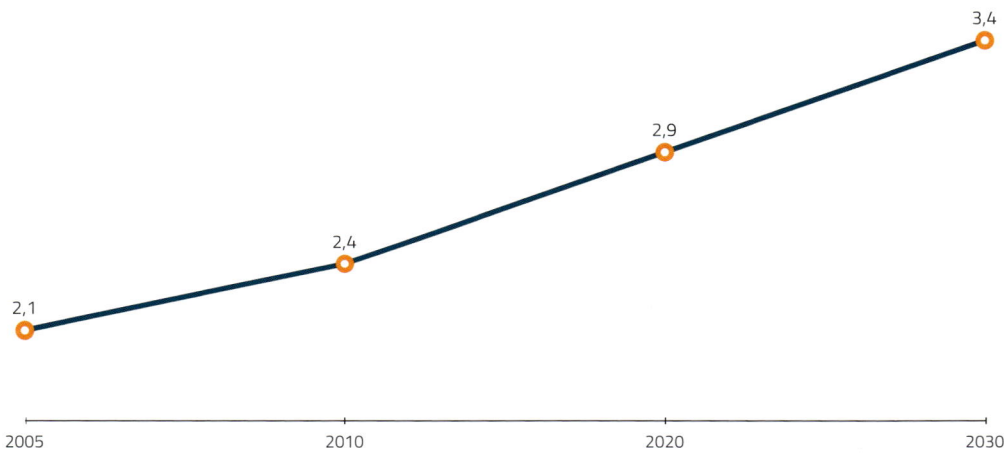

Somit ist klar, dass Ihr Geld nicht nur für die Rente reichen muss, sondern auch für die Pflege. Kein Mensch möchte zum Pflegefall werden. Natürlich nicht. Dennoch steigt mit zunehmendem Alter das Risiko.

14. Wer „füttert" später einmal Mama?

Wobei die Herausforderung schon in der Rente liegt. Seit den 1960er-Jahren hat sich die Lebenszeit nach Ende des Arbeitslebens verdoppelt. Waren es damals „nur" zehn Jahre, so dauert der Ruhestand heute mindestens 20 Jahre. Tendenz steigend.

Dem gegenüber stehen, wie erwähnt, die niedrigen Zinsen. Eine extrem „gefährliche Entwicklung". Hochexplosiv! Sich vor ihr zu verstecken, um sich nicht der Realität stellen zu müssen, ist unverantwortlich.

DAS MERK ICH MIR:
Wie an anderer Stelle deutlich gemacht, ist Zeit ein wichtiger Verbündeter im Kampf um gute Renditen. Deshalb ist es so wichtig, ab sofort die richtigen finanziellen Entscheidungen zu treffen.

„Wir werden nicht zulassen, dass die Inflation zu lange auf zu niedrigem Niveau bleibt"

Draghi
am 26.05.2014 bei einer EZB-Konferenz im portugiesischen Sintra

KAPITEL 3: DIE **UN**HEIMLICHE GEFAHR KOMMT SCHLEICHEND

15. Inflation, die **un**heimliche Gefahr

„Wenn die Regierung das Geld verschlechtert, um alle Gläubiger zu betrügen, so gibt man diesem Verfahren den höflichen Namen Inflation."

Georg Bernhard Shaw (1856–1950)

Zu der hochexplosiven Mischung aus längeren Lebenszeiten und niedrigen Zinsen gesellt sich ein weiterer „Sprengstoff": die Inflation. Sie ist die eigentliche Zündschnur, die sich langsam, aber sicher, ihren Weg zum Ziel bahnt und sich dort mit gewaltiger Kraft entlädt. Gerade weil sie so leise und unaufhaltsam daherkommt, wird sie selten bemerkt. Erst der Knall lässt die Betroffenen aus ihrem Dornröschenschlaf erwachen. Dann aber ist es zu spät. Erinnern Sie sich noch an diese Zahl aus Kapitel 1?

72

Sie haben gelernt, dass Sie 72 durch den in Aussicht gestellten Zins teilen und dann wissen, in wie viel Jahren sich Ihr eingesetztes Kapital verdoppeln wird. Dieselbe Rechnung funktioniert in Sachen Inflation genauso. Nur muss das Ergebnis umgekehrt gedeutet werden. Nehmen wir an, die Inflationsrate liegt bei zwei Prozent, dann teilen Sie 72 durch zwei. Sie erhalten als Ergebnis 36. Das bedeutet, dass sich die Kaufkraft Ihres Sparvermögens (und damit der Wert) in 36 Jahren halbiert. Liegt die Inflationsrate bei vier Prozent, dann ist Ihr Geld im übertragenen Sinne in 18 Jahren nur noch die Hälfte wert. Sie sehen, so schnell können Sie buchstäblich enteignet werden.

Nun haben wir aufgrund der Währungspolitik der Europäischen Zentralbank seit einiger Zeit eine Inflationsrate, die weit unter den im Maastrichter Vertrag festgelegten zwei Prozent liegt. Das darf Sie aber nicht darüber hinwegtäuschen, dass eine Inflation immer ein Problem für Ihr Geld bedeutet.

DAS MERK ICH MIR:

*„Ein wenig Inflation ist wie der Bauch in der
Schwangerschaft, beide nehmen langsam, aber
stetig zu."*

Entwicklung der Inflation seit 2008

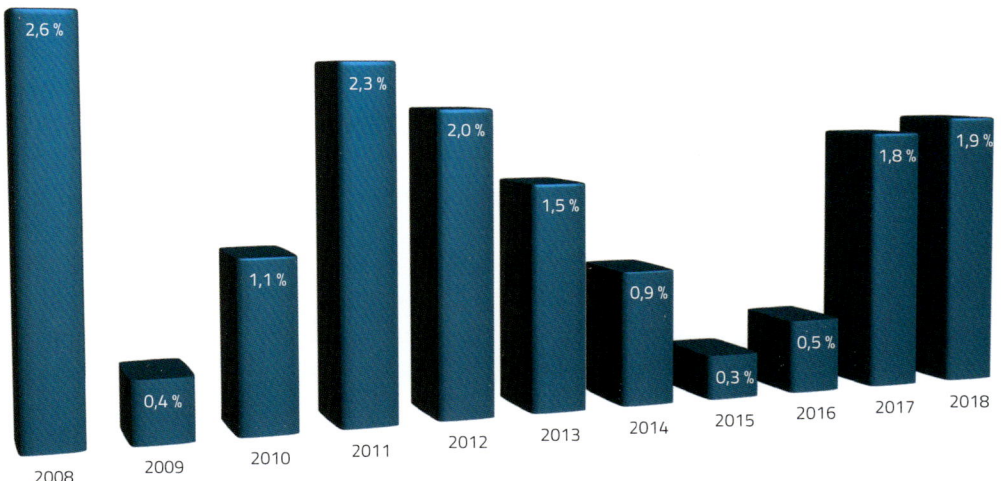

Quelle: Statistisches Bundesamt

Anfang der 1980er-Jahre lag die Inflationsrate bei über 6 Prozent. Die mittlere Inflationsrate in den Jahren von 1980 bis 2010 lag nach Angaben des Statistischen Bundesamtes bei 2,1 Prozent. Angesichts dieser Entwicklung kann von einer Inflation keine Rede sein.

Doch!

Wir haben eine dramatische Inflation in Deutschland! Man muss sie nur sehen wollen (können). Für gewöhnlich schauen wir hier nur auf unser Geld und stellen fest, dass wir immer weniger dafür kaufen können.

DAS MERK ICH MIR:
*„Inflation schneidet Ihren Geldschein an, ohne
das Papier zu verletzen!"*

16. Mächtig aufgeblasen

Man kann es auch anders ausdrücken: Das Geld wird weniger wert, weil die Waren immer teurer werden. Denn der Begriff Inflation leitet sich ab vom lateinischen „inflatio" und bedeutet „das Aufblasen, das Aufschwellen", und genau mit diesem Problem haben wir es seit Ausbruch der Finanzkrise extrem zu tun. Dabei sind es nicht die steigenden Preise, die der Laie gemeinhin als die Ursache für eine Inflation hält. Das ist nur das Symptom. Die Ursache findet sich in der Ausweitung der Geldmenge. Solange die Notenbanken Geld quasi auf Knopfdruck produzieren können, so lange wird sich das Inflationsproblem nicht lösen. Nur in einem Währungssystem, das an Bedingungen geknüpft ist, gibt es eine Preisstabilität. Seit 1815 gab es rund 100 Jahre diese Preisstabilität, weil die Ausgabe von Geld vom Goldstandard abhing. Steigt in einem solchen System, das ohne Erhöhung der Geldmenge auskommt, der Preis für eine Warengruppe, dann fallen dafür im Gegenzug andere Preise. In einem auf Papiergeld aufgebauten Währungssystem führt die Preiserhöhung zwangsläufig zur Inflation, weil für die erhöhten Preise, vereinfacht ausgedrückt, neues Geld gedruckt und so in den Umlauf gebracht wird. Deshalb muss ein solches System auf lange Sicht kollabieren.

Warum aber sagt uns die Bundesregierung, dass die durchschnittliche Inflationsrate 2015/2016 bei unter einem Prozent lag?

Nun, die Inflationsrate bezeichnet die Teuerungsrate von (Konsum-) Gütern. Die Berechnung basiert auf dem sogenannten statistischen Warenkorb, mit dem der Verbraucherpreisindex definiert wird. Dazu wird für ein bestimmtes Jahr ein typischer Warenkorb zusammengestellt, der in etwa dem durchschnittlichen Kaufverhalten der Verbraucher entsprechen soll. Nun kann man Jahr für Jahr die Preisentwicklung der Produkte dieses imaginären Warenkorbs neu ermitteln und damit die Entwicklung (im Vergleich zum Vorjahr und zum Ausgangsjahr) berechnen.

Und genau hier liegt das Problem!

Die Preissteigerungsrate, die fälschlicherweise als Inflationsrate bezeichnet wird, erfasst nicht den Preisanstieg für Finanzgüter, wie z. B. Aktien, festverzinsliche Wertpapiere (Anleihen), Immobilien und Rohstoffe. Diese Anlageklassen bleiben bei der Berechnung der Inflationsrate außen vor. Deshalb nehmen wir Verbraucher die Inflation verzerrt wahr. Schauen wir uns nun einmal die reale Inflationsentwicklung an:

So stieg der „Preis" für den DAX von 2000 bis 2018:

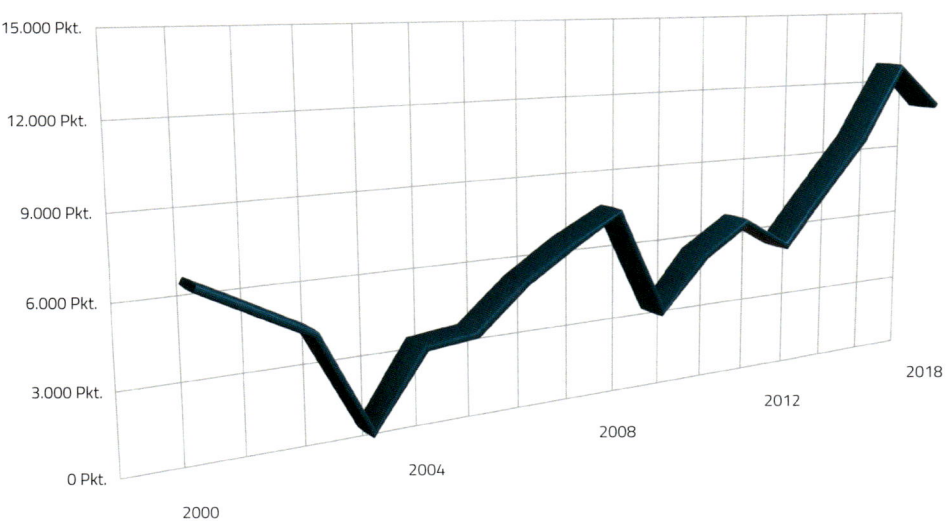

Am 1. Januar 2000 notierte der DAX bei rund 6.835 Punkten. 16 Jahre später freuen sich Aktionäre über mehr als 11.000 Punkte. Das entspricht einer „Preiserhöhung", die jeder fundamentalen Logik widerspricht, einer Erhöhung von rund 60 Prozent!

DAS MERK ICH MIR:

Die Börse ist keine Einbahnstraße. So schnell wie Kurse steigen, so schnell können sie auch wieder fallen.

Preisentwicklung für den Erwerb von Häusern in Deutschland in den Jahren 2000 bis 2017:

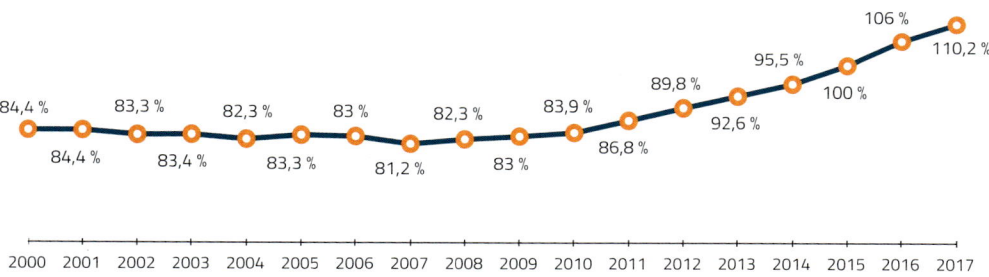

Quelle: Statistica 2016; Die Statistik zeigt die Preisentwicklung für den Erwerb von Häusern in Deutschland im oben angegebenen Zeitraum. Der abgebildete Häuserpreisindex des Statistischen Bundesamtes bezieht sich sowohl auf die Entwicklung der Kaufpreise neu erstellter als auch auf die bestehender Wohnimmobilien (Ein- und Zweifamilienhäuser sowie Wohnungen in Mehrfamiliengebäuden) einschließlich Grundstück. Der Häuserpreisindex ist als Indikator zur Erfassung der Ausgaben für Wohnimmobilien im Sinne von Investitionsgütern konzipiert. Ausgehend vom Jahr 2015 (Index = 100) lag der Häuserpreisindex im Jahr 2009 bei 83 Punkten.

Die folgende Tabelle zeigt, wie sich die Preise für Immobilien real entwickelten. Sie werden sehen, dass Inflationsraten von zwei Prozent ein Traum wären. Womit einmal mehr bewiesen ist, dass es immer auf die Einzelfallbetrachtung ankommt und nicht auf Durchschnittswerte, wie sie in der Inflationsrate dargestellt sind.

DAS MERK ICH MIR:

Durchschnittswerte sagen gar nichts über die Realität aus. Wenn Sie Ihren Kopf in den Backofen stecken und die Füße in den Gefrierschrank, liegt die durchschnittliche Körpertemperatur bei 36,5 Grad. Dennoch ist es Ihnen oben zu heiß und unten zu kalt.

17. Kostspieliger Traum vom Eigenheim

Der Käufer einer Immobilie in München zahlte 2008 rund 3.090 Euro je Quadratmeter. Fünf Jahre später waren es bereits 4.580 Euro. Das ist ein Anstieg von 48,2 Prozent. Selbst in kleineren Städten wie Oldenburg mit seinen rund 170.000 Einwohnern sieht es ähnlich aus. Auch hier stiegen innerhalb von fünf Jahren die Preise für Wohneigentum um über 40 Prozent. In Köln waren es fast 25 Prozent. Wobei viele Städte im Ruhrgebiet und in Ostdeutschland sich diesem Trend entziehen. Hier gingen die Preise sogar zurück.

So haben sich die Preise für ein Eigenheim entwickelt:

	Stadt	Kaufpreis/qm 2008	Kaufpreis/qm 2013	Veränderung in %
1	München	3.090,00 €	4.580,00 €	48,2 %
2	Oldenburg	1.370,00 €	1.960,00 €	43,1 %
3	Hamburg	2.140,00 €	3.050,00 €	42,5 %
4	Freiburg im Breisgau	2.360,00 €	3.310,00 €	40,3 %
5	Augsburg	1.680,00 €	2.340,00 €	39,3 %
6	Berlin	1.460,00 €	2.000,00 €	37 %
7	Kiel	1.330,00 €	1.770,00 €	33,1 %
8	Nürnberg	1.710,00 €	2.270,00 €	32,75 %
9	Münster	1.900,00 €	2.520,00 €	32,6 %
10	Düsseldorf	1.930,00 €	2.520,00 €	30,6 %
11	Rostock	1.320,00 €	1.700,00 €	28,8 %
12	Aachen	1.590,00 €	2.000,00 €	25,8 %
13	Dresden	1.300,00 €	1.630,00 €	25,4 %
14	Karlsruhe	1.870,00 €	2.340,00 €	25,1 %
15	Frankfurt	2.270,00 €	2.840,00 €	25,1 %
16	Köln	1.910,00 €	2.370,00 €	24,1 %
17	Mainz	1.940,00 €	2.390,00 €	23,2 %
18	Bremen	1.320,00 €	1.620,00 €	22,7 %
19	Lübeck	1.460,00 €	1.790,00 €	22,6 %
20	Braunschweig	1.240,00 €	1.520,00 €	22,6 %
21	Stuttgart	2.180,00 €	2.660,00 €	22 %
22	Wiesbaden	1.930,00 €	2.350,00 €	21,8 %
23	Bonn	1.850,00 €	2.250,00 €	21,6 %
24	Mannheim	1.620,00 €	1.960,00 €	21 %
25	Osnabrück	1.240,00 €	1.500,00 €	21 %

So haben sich die Preise für ein Eigenheim entwickelt:

	Stadt	Kaufpreis/qm 2008	Kaufpreis/qm 2013	Veränderung in %
26	Kassel	1.220,00 €	1.470,00 €	20,5 %
27	Hannover	1.430,00 €	1.690,00 €	18,2 %
28	Bielefeld	1.390,00 €	1.640,00 €	18 %
29	Halle/Saale	980,00 €	1.130,00 €	15,3 %
30	Saarbrücken	1.310,00 €	1.500,00 €	14,5 %
31	Erfurt	1.280,00 €	1.440,00 €	12,5 %
32	Ludwigshafen a. R.	1.350,00 €	1.500,00 €	11,1 %
33	Leverkusen	1.730,00 €	1.910,00 €	10,4 %
34	Mönchengladbach	1.290,00 €	1.420,00 €	10,1 %
35	Dortmund	1.380,00 €	1.490,00 €	8 %
36	Krefeld	1.380,00 €	1.490,00 €	8 %
37	Leipzig	1.120,00 €	1.190,00 €	6,3 %
38	Solingen	1.470,00 €	1.560,00 €	6,1 %
39	Oberhausen	1.360,00 €	1.430,00 €	5,1 %
40	Hagen	1.410,00 €	1.480,00 €	5 %
41	Essen	1.420,00 €	1.490,00 €	4,9 %
42	Mülheim a. d. Ruhr	1.570,00 €	1.640,00 €	4,5 %
43	Magdeburg	1.030,00 €	1.060,00 €	2,9 %
44	Bochum	1.490,00 €	1.530,00 €	2,7 %
45	Hamm	1.190,00 €	1.200,00 €	0,8 %
46	Duisburg	1.290,00 €	1.300,00 €	0,8 %
47	Wuppertal	1.390,00 €	1.390,00 €	0 %
48	Herne	1.360,00 €	1.350,00 €	- 0,7 %
49	Gelsenkirchen	1.270,00 €	1.260,00 €	- 0,8 %
50	Chemnitz	1.000,00 €	940,00 €	- 6 %

Quelle: Institut F+B; Hamburg; jeweils 4. Quartal, 75qm Eigentumswohnung, Alter 10 Jahre, normale Ausstattung u. Zustand; Bild 28.02.2014/S.8

DAS MERK ICH MIR:

*Nach Angaben des Arbeitskreises der Gutachter-
ausschüsse wird sich der allgemeine Trend am
Immobilienmarkt fortsetzen, sowohl was die
Preise betrifft als auch die Umsätze.*

18. Guten Appetit

In den vergangenen Jahren sind die Verbraucherpreise für Nahrungsmittel deutlich schneller
gestiegen als die Inflation insgesamt. Nach Angaben des Statistischen Bundesamtes mussten Konsumenten in Deutschland 2014 für Lebensmittel 11,5 Prozent mehr bezahlen als
2010. Die Verbraucherpreise insgesamt stiegen in diesem Zeitraum hingegen nur um 6,6
Prozent. Gegenüber 2010 mussten die Verbraucher 2014 vor allem für Molkereiprodukte
(plus 19,5 Prozent), Obst (plus 16,8) sowie Speisefette und -öle (plus 15,1) deutlich tiefer in
die Tasche greifen.

Preisentwicklung für Agrarrohstoffe Nahrungs- und Genussmittel von 2002 bis 2012:

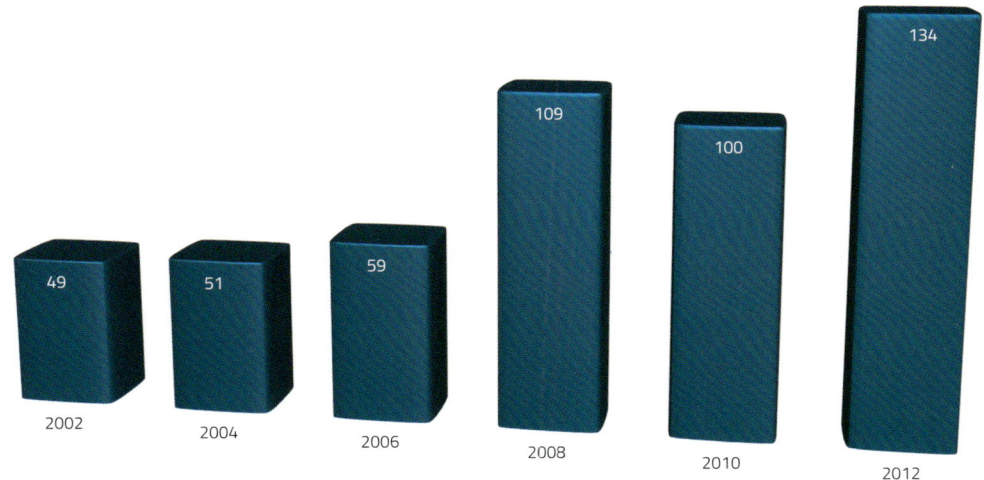

Quelle: statista.de; HWWI, Zahlen jeweils zum August des Jahres

Hier zeigt sich, dass die weltweite Preisentwicklung der Agrarrohstoffe Nahrungs- und Genussmittel auch nur einen Weg kennt: von links unten nach ganz rechts oben. Der so genannte HWWI-Indexwert lag im August 2012 bei 134 Punkten. Das bedeutet, dass die Preise von Nahrungs- und Genussmitteln zu dieser Zeit um 34 Prozent höher lagen als im Jahr 2010.

Man mag sich fragen, warum trotz dieser extremen Preisanstiege der Verbraucher so an der Nase herumgeführt wird. Wie immer sind verschiedene Interessen im Spiel. Der Staat möchte durch eine niedrige Inflationsrate beweisen, dass sich das Land auf einem guten Weg befindet. Banken und Vermögensverwalter bedienen sich ebenfalls der „normalen", vom Statistischen Bundesamt herausgegebenen Zahl. Liegt diese z. B. bei 1,75 Prozent, dann können sie ihre Kunden viel leichter von einer Kapitalanlage überzeugen, die 3 Prozent abwirft. Die Differenz ist aus Sicht des Kunden sein Verdienst. Wüsste dieser Kunde aber, dass die tatsächliche Inflationsrate bei 4,5 Prozent liegt, wäre eine Kapitalanlage von 3 Prozent lächerlich. Neben der echten Geldentwertung fallen sogar noch Steuern auf die Zinserträge an. Schneller kann man sein Geld nicht vernichten.

Natürlich haben auch die Discounter und Supermärkte mit der Inflation zu kämpfen. Auch sie bedienen sich eines Tricks, damit wir Verbraucher nicht merken, wie wir hinters Licht geführt werden.

Die Hersteller erhöhen die Lebensmittelpreise, indem sie Mogelpackungen schaffen. Der Inhalt wird weniger, der Preis bleibt gleich. Das bedeutet nach Angaben der Verbraucherzentrale eine Preissteigerung von bis zu 67 Prozent!

 **DAS MERK ICH MIR:**
Der Erlanger Professor für Wirtschaft, Dr. Hermann Diller, stellt fest: „Nichts zu verlieren ist den meisten Menschen wichtiger als viel zu gewinnen." Die Ausführungen in diesem Buch zeigen, was Sparer zu Verlierern macht, wenn sie nicht bereit sind zu gewinnen.

19. Geld vergolden

Fast täglich spielen Politiker rund um den Globus Feuerwehr, um zu retten, was nicht mehr zu retten ist. Niemand hat den Mut, den Menschen die Wahrheit zu sagen, dabei muss man nur zwischen den Zeilen lesen, um zu verstehen. So sagte die deutsche Bundeskanzlerin in einem Exklusiv-Interview[14] bei „Günther Jauch", dass alle Rettungsmaßnahmen nur ein Ziel haben: Zeit zu gewinnen! Damit hat sie klar und deutlich zum Ausdruck gebracht, dass es keine wirkliche Lösung gibt, sondern nur Hoffnung. Hoffnung darauf, dass sich die Märkte wieder beruhigen und die Welt eines nahen Tages wieder „normal" tickt.

Hier ist der Wunsch Vater des Gedankens. Ein falsches System lässt sich durch Hoffnung nicht stabilisieren. Die Grundidee, die diesem Euro zugrunde liegt, ist nicht unbedingt eine schlechte. Im Eifer des Gefechts wurde allerdings übersehen, dass eine Währung nur dann eine Chance hat, wenn alle an einem Strang ziehen. Das wiederum ist nur möglich mit einer einheitlichen europäischen Wirtschafts- und Finanzpolitik. Dazu braucht es jeweils ein Ministerium, das die Fäden in den Händen hält. Auf die Gründung einer solchen Einrichtung wurde aber verzichtet. Deshalb konnten die Länder der Euro-Zone so lange ungeniert mit dem Euro „spielen", bis die Schmerzgrenze erreicht wurde. Ob Irland, Griechenland, Portugal und auch Italien, sie alle nutzten die günstigen Zinsen, die ihnen der Euro bescherte. Jetzt haben sie den sprichwörtlichen Salat. Diese und einige Staaten mehr haben riesige finanzielle Probleme, die durch den unsäglichen EU-Rettungsschirm aufgefangen werden sollen. Reiche Staaten finanzieren fortan nicht nur die schwächsten, sondern auch die, die es mit der Ehrlichkeit nie so ganz genau genommen haben. Ein Unterfangen, was den Bürgern nur schlecht vermittelt werden kann. Deshalb zeigen wir uns auch nicht überrascht, wenn Studien zu dem Ergebnis kommen, dass mehr als die Hälfte aller Deutschen „ihre" Deutsche Mark zurückhaben will. Zudem machen Politiker, die buchstäblich für sich und ihr Land ums nackte Überleben kämpfen, keinen Hehl daraus, wie sie mit Rettungsgeldern umgehen, insbesondere Griechenland. So verhöhnt z. B. der griechische Finanzminister Yanis Varoufakis die Geldgeber, denen Griechenland mitnichten egal ist. In einem Interview mit der ARD[15] sagte der Politiker:

> *„Die klugen Leute in Brüssel, in Frankfurt und auch in Berlin wussten schon im Mai 2010, dass Griechenland niemals seine Schulden zurückzahlen wird. Aber sie haben so getan, als sei Griechenland nicht bankrott, sondern habe nur gerade nicht genug flüssige Mittel."*

Wer solche politischen Freunde und Partner hat, der braucht keine Feinde!

Der Anfang vom Ende des Euros geht zurück auf die Finanzkrise, die 2007 ausbrach. Den „Showdown" erlebten wir Deutschen am Donnerstag, dem 27. November 2011. Dieses Datum wird in die Geschichtsbücher eingehen. An diesem „denkwürdigen" Tag stimmte der Bundestag einer Aufstockung des Rettungsschirms zu. Seitdem bürgt Deutschland mit dreistelligen Milliardenbeträgen. Mit anderen Worten: Bankbesitzer erhalten Geschenke von deutschen Steuerzahlern. Dazu sagte Prof. Dr. Stefan Homburg u. a.[16]: *„In Deutschland sind die letzten Barrieren gefallen [...] Rechtsstaat und Demokratie wurden außer Kraft gesetzt."* Tatsächlich zeigt sich bei genauerer Betrachtung, dass das viele Geld nicht direkt den Staaten zufließt, sondern den Banken. Und genau das macht die Situation so unberechenbar.

Deshalb ist es nur verständlich, dass Anleger händeringend nach Lösungen suchen, ihr Geld in Sicherheit zu bringen. Denn eines ist auch klar: Am Ende dieser unsäglichen Euro-Tragödie stehen nicht nur einzelne Staatsbankrotte, die Deutschland in den letzten 200 Jahren siebenmal erlebte, sondern es wird auch eine Währungsreform geben, die aus allen Sparern Verlierer macht. Das hat die Währungsreform von 1948 eindeutig gezeigt. Ist die Lage ernst, greifen die Regierungen zu radikalen Mitteln wie Enteignungen, Vermögensabgaben und einer Aussetzung der Grundrechte. Bis dahin ist es zwar noch ein langer Weg, von dem der deutsche Finanzminister Dr. Wolfgang Schäuble gebetsmühlenartig sagt, *„man sei auf gutem Weg"*. Auf diesem Weg zum Ziel verhalten sich die Protagonisten, wie es der heutige Präsident der Europäischen Kommission, Jean-Claude Juncker, zu seiner Zeit als Vorsitzender der Euro-Gruppe formulierte:

„Wenn es ernst wird, muss man lügen!"

Wir wiederholen: Wer solche politischen Freunde und Partner hat, der braucht keine Feinde!

DAS MERK ICH MIR:

Schon der griechische Philosoph Aristoteles warnte vor rund 2.500 Jahren: „An sich ist Papiergeld in Ordnung, vorausgesetzt unsere Obrigkeit ist perfekt und die Könige verfügen über eine göttliche Intelligenz."

20. Geld en masse

Weil unsere (währungs-)politische Obrigkeit weder perfekt ist noch über eine göttliche Intelligenz verfügt, handelt sie bar jeder Vernunft. Sie fühlt sich scheinbar nur noch ihrem persönlichen Wohlergehen verpflichtet und weniger dem Sparer, der von seinem Geld seinen Altersruhestand finanzieren muss. Es liegt doch auf der Hand, dass Geld seinen Wert nur erhalten kann, wenn seine Menge nicht beliebig vermehrbar ist. Sobald die Erzeugung von Geld zum Spielball politischer Interessen wird, ist es mit der Wertbeständigkeit vorbei. Erschreckend, dass die Verantwortlichen solche „Gesetzmäßigkeiten" einfach ignorieren. Wie sonst ist es zu erklären, dass Billionen für Billionen Euro einfach aus dem Nichts geschaffen werden, nur um ein künstliches Wachstum zu erzeugen, damit die Staaten ihre Schulden bezahlen können. Wachstum scheint das Allheilmittel gegen jede Form der Krise zu sein. Eine Krebszelle würde auch unterschreiben, dass Wachstum wichtig ist.

Am Ende dieser „verlogenen" wie desaströsen Währungspolitik werden wir alle unser sprichwörtliches Fett abbekommen. Eigenheimbesitzer genauso wie Sparer, Besitzer von Lebensversicherungen und Riester-Verträgen. Die Frage ist nicht mehr, ob dieses ein realistisches Szenario ist, sondern nur noch, wann uns das System um die Ohren fliegt. Das sieht Prof. Dr. Wilhelm Nölling scheinbar ähnlich (wir wiederholen):[17]

„Wir werden Zeugen davon, dass der Euro, dieser größte Irrtum der Währungsgeschichte, dieses Unglück für Europa, zum schließlichen Selbstmord Europas führt."

Das Volk wird vorgeführt wie kleine Kinder. Doch vergessen die Protagonisten, dass Kinder intuitiv verstehen. Schon längst haben Anleger begriffen, wohin die Reise geht. Sie ahnen, dass die Rechnung nicht aufgehen wird.

Das gesamte kapitalistische System steht vor seiner größten Herausforderung, die am Ende mit einem Totalzusammenbruch enden kann, denn

„... der Euro ist der größte Irrtum der Währungsgeschichte."[18]

Dieser Irrtum führt in den Verlust. Seit Jahren schon befindet sich der Euro gegenüber dem US-Dollar im freien Fall (hier der Verlauf seit 2010):

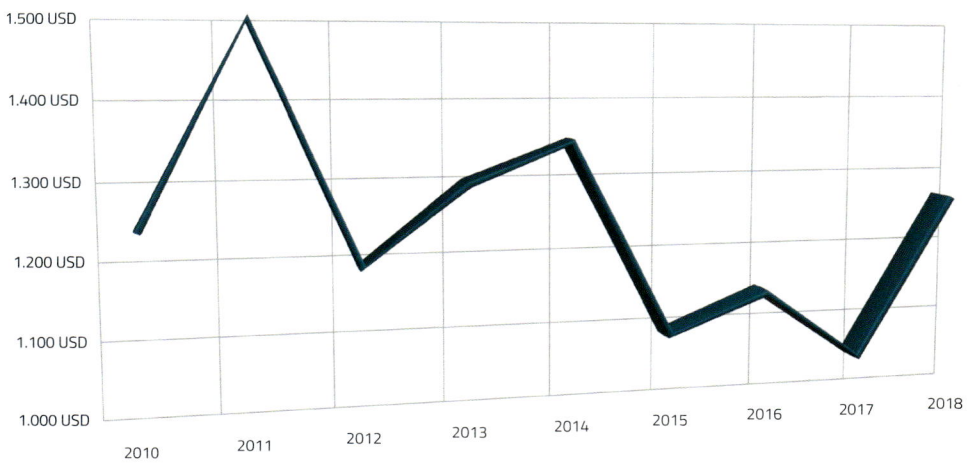

Bei einem Crash sind alle Papierwerte keinen Cent mehr wert, sondern nur noch Sachwerte wie Edelmetalle (z. B. Gold), Immobilien und Aktien. Seit Mitte 2010 erlaubt der Gesetzgeber den Versicherungsgesellschaften, bis zu fünf Prozent ihres gebundenen Vermögens in Gold

zu halten. Eine bemerkenswerte Entwicklung, ebenso wie die Feststellung[19] der österreichischen Erste Group Bank, die in einer Studie feststellte: „Es ist spekulativ, kein Gold zu halten."

DAS MERK ICH MIR:

Gold ist seit dem 6. Jahrhundert vor Christus ein
weltweit akzeptiertes Zahlungsmittel. Es war
und ist der Inbegriff einer stabilen Währung.

21. Ohne Golddeckung ist Geld wertlos

Bis in die Neuzeit waren Währungssysteme goldgedeckt. Das Vertrauen der Bürger in diese durch Gold gedeckte Währung war grenzenlos, bis zu dem Tag, an dem diese Bindung aufgegeben wurde. Heute sprechen wir von Fiat Money (Fiat ist lateinisch und bedeutet „es werde"), also „es werde (Papier-)Geld". Dieses kann beliebig vermehrt werden, weil es nicht mehr durch reale Werte hinterlegt werden muss. Das hat zu dieser gigantisch aufgeblähten Geldmenge rund um den Globus geführt. Diese Menge wächst täglich. So pumpt z. B. die Europäische Zentralbank seit März 2015 monatlich 60 Milliarden Euro frisches Geld in die Märkte. Bis 2016 wurden somit eintausend Milliarden Euro buchstäblich aus dem Nichts in Umlauf gebracht. Dahinter steht keine einzige Wertschöpfung, sondern nur ein Knopfdruck zum Start der Papiergeld-Drucker. (Im übertragenen Sinne. Heute wird Geld virtuell erzeugt.)

Und so sieht es dann aus, wenn die Europäische Zentralbank den Markt mit Milliarden Euro flutet.

Innerhalb von fünf Tagen fiel der Kurs des Euros, während die Aktienkurse einen Höhenrekord nach dem anderen hinlegen (Zeitraum: 4. März bis 11. März 2015):

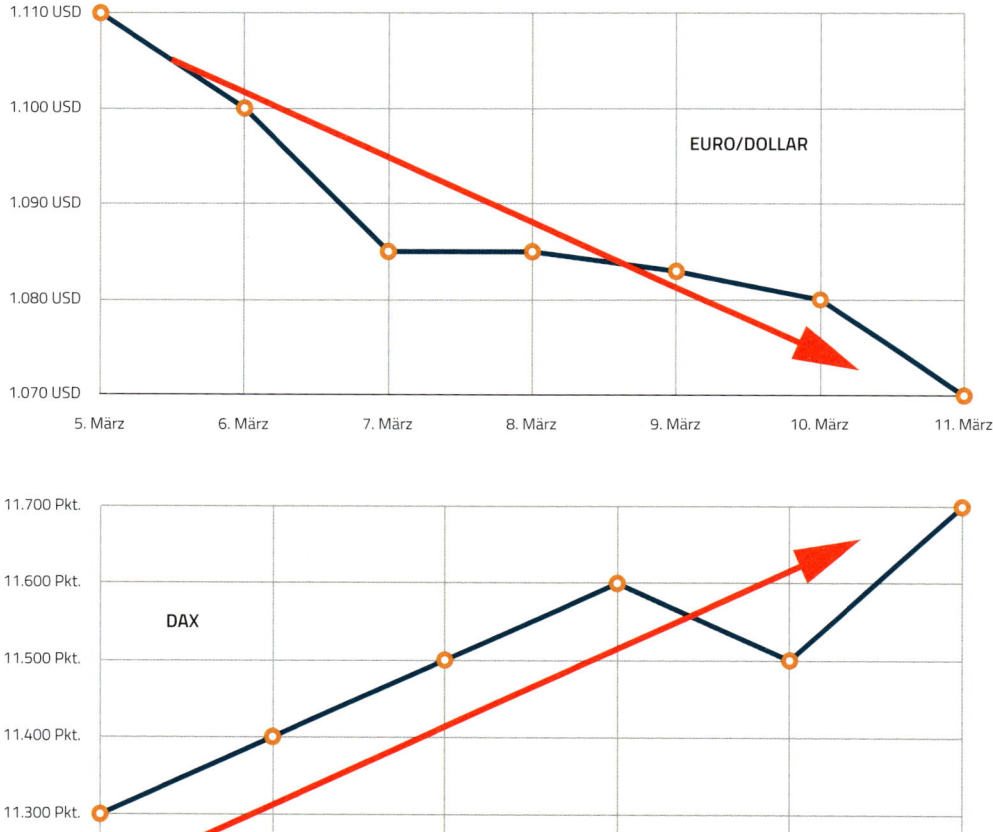

Gold und auch andere Edelmetalle haben sich in Krisenzeiten als stabile „Währung" erwiesen. In „guten" Zeiten fragt selten jemand danach, aber sobald die Luft dünner wird, fliehen vorausschauende Anleger in Goldanlagen. Je mehr Geld die Notenbanken drucken, desto mehr investieren die Anleger in Gold. Deshalb wunderte sich niemand mehr, als der Goldpreis am 13.03.2008 erstmals in seiner Geschichte die Marke von 1.000 US-Dollar je Unze übersprang. Inflationsängste, aber auch die gewaltige Nachfrage aus den USA, Indien und China sorgen für diesen ungebremsten Preisanstieg. Das Ende der Fahnenstange ist noch lange nicht erreicht. Schätzungen gehen davon aus, dass in der gesamten Menschheitsgeschichte rund 155.500 Tonnen Gold geschürft wurden. Experten sind der Meinung, dass in rund 20 Jahren das gesamte Gold der Erde geborgen sein wird. Danach wird es nie mehr neues Gold geben. Diese eindrucksvolle Erkenntnis wird sicher dazu beitragen, dass der Goldpreis noch stärker steigen wird.

Die „Gold-Währung" ist nicht der Euro, sondern die Unze. Der Preis in Papiergeld kann schwanken, ein metrisches Maß, das einen Tauschwert bestimmt, nicht. Eine Unze Feingold wird immer 31,1 Gramm bleiben, wohingegen Papiergeld abgewertet werden kann, wenn es zu einer Neuordnung des Geldwesens kommen sollte. Besitzer von Geldwerten laufen Gefahr, in diesem Fall alles zu verlieren. Im Gegensatz zum Papiergeld ist Gold nicht beliebig vermehrbar, deshalb ist es so interessant.

 *DAS MERK ICH MIR:*
Obwohl Gold einen inneren Wert hat, der nie auf
Null fallen kann, gibt es keine „Gold-Währung".

Gold wird mit Papiergeld in US-Dollar bezahlt. Absurder geht es kaum noch. Deshalb erleben Gold-Besitzer immer wieder starke Schwankungen bei den „Preisen". Lassen Sie sich davon nicht irritieren. Kommt es zum Crash, dann zählt Gold und nichts anderes. Dennoch lassen Sie uns im Folgenden einen Blick auf die Absurdität dieses Gold-Preis-Systems werfen.

Anfang des Jahres 2011 zahlten Goldkäufer für eine Feinunze Gold nur 1.400 US-Dollar. Tatsächlich aber hat sich der Goldpreis seit 1999 versiebenfacht. Der Preis erreichte im August 2011 zunächst einen Höhepunkt mit über 1.900 US-Dollar. Dann passierte das, womit niemand rechnete. Ende September 2011 „crashte" der Preis. In nur drei Tagen verlor Gold rund 14 Prozent seines Wertes, um sich bei 1.600 US-Dollar einzupendeln. Noch schlimmer traf es Anleger, die Silber erworben hatten. Sie mussten sich mit einem Verlust von 30 Prozent herumplagen. Diese Einbrüche waren die höchsten Rückschläge seit 30 Jahren!

So entwickelte sich der Goldpreis von 2001 bis 2018 (in US-Dollar):

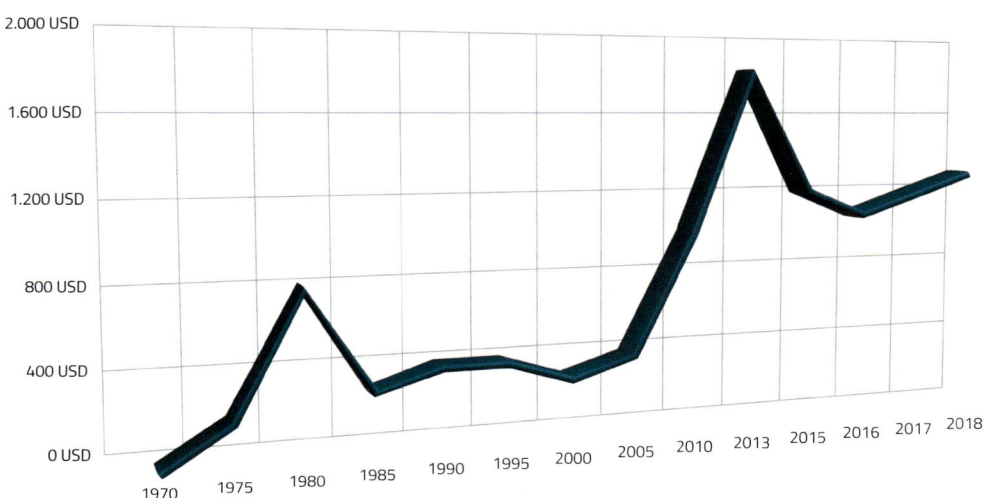

Vermögende jammern nicht über diesen Zustand, nutzen stattdessen den Cost-Average-Effekt. Sie kaufen quartalsweise eine Goldtranche, egal zu welchem Preis. Vermögende wissen, auf „bessere" Preise zu warten ist genauso sinnlos, wie auf sinkende Kraftstoffpreise zu hoffen oder den besten Zeitpunkt für Aktienkäufe zu erwischen. Ein Goldkäufer, der immer eine gleiche Summe investiert, profitiert somit von den Kursschwankungen. Er erhält automatisch mehr Gold für sein Geld, wenn die Preise fallen, vice versa weniger, wenn der Preis steigt.

Wenn Sie Gold regelmäßig nachkaufen, ergibt sich ein Durchschnittswert in Ihrem Depot.

Angenommen, Sie hätten jedes Jahr eine Unze Gold gekauft, dann hätten Sie im Jahre 2000 nur 260 Dollar gezahlt. Sieben Jahre später lag der Preis schon bei über 850 Dollar. Angenommen, Sie haben im Jahre 2000 10 Unzen für insgesamt 2.600 US-Dollar gekauft. 2008 haben Sie nochmals 10 Unzen erworben und dafür 8.500 US-Dollar auf den Tisch des Verkäufers gelegt. Anfang 2011 erwarben Sie 5 Unzen zum Preis von 1.400 US-Dollar je Unze, mithin 7.000 US-Dollar. Im Juli 2013 kauften Sie 10 Unzen zum Kurs von je 1.223 US-Dollar je Unze. Somit sind Sie im Besitz von 35 Unzen, für die Sie insgesamt 30.330 US-Dollar zahlten. Ihr durchschnittlicher Einkaufspreis lag somit bei 866 US-Dollar je Unze.

Im März 2015 notierte der Preis je Unze bei rund 1.150 US-Dollar. Somit läge der Wert Ihres Golddepots bei rund 40.000 US-Dollar und damit fast 10.000 US-Dollar über dem Einkaufspreis.

Sie sehen, Sie können durchaus attraktive Renditen erwirtschaften, wenn Sie sich nicht von den Stimmungen des Marktes leiten lassen. Kaufen Sie immer dann Gold, wenn Sie über entsprechende Liquidität verfügen. Durch den Cost-Average-Effekt ergibt sich der reale Preis.

DAS MERK ICH MIR:

Mit diesem „Sparmodell" nehmen Sie den so genannten „Besser jetzt kein Gold kaufen"-Experten den sprichwörtlichen Wind aus den Segeln.

Darüber hinaus ist die Inflation der größte Preistreiber, die es bei allen Preisvergleichen zu berücksichtigen gilt, um zu keiner falschen Einschätzung zu kommen. Deshalb vergleichen „Goldanleger" die heutigen Rohstoffpreise nicht einfach mit denen von vor z. B. 30 Jahren. Sie bereinigen die Zahlen um die Inflation. Nur so ist eine realistische Einschätzung des Marktes möglich. Absolut betrachtet notierte 1980 der Goldpreis bei 850 US-Dollar je Unze. Das war vor mehr als 30 Jahren. Seitdem hat der Dollar ordentlich Federn gelassen. Kurzum: Er ist heute weniger wert als damals.

Der Höchstpreis des Goldes notierte 1980 beim heutigen Dollarwert von rund 2.270 Dollar. Anfang 2015 notierte der Goldpreis bei rund 1.100 US-Dollar. Luft nach oben ist also noch genügend vorhanden – im Gegensatz zum US-Dollar. Der „neue" Dollar, der 1913 durch die FED eingeführt wurde, verlor seit seiner Einführung immerhin rund 95 Prozent. Damit ist eindrucksvoll belegt, dass Gold eben doch Zinsen abwirft, natürlich nicht im herkömmlichen Sinne. Denn wer 1913 sein Geld nicht in Dollar, sondern in Gold anlegte, ist heute der strahlende Gewinner. Insgesamt hat der Goldpreis zugelegt, und damit hat sich das eingesetzte Kapital verzinst.

Deshalb ist Gold unverzichtbar!

DAS MERK ICH MIR:
*„Gold stellt keine Absicherung gegen Preisinflati-
on dar. Es ist eine Absicherung gegen ein
ruinöses und auf Zinsen wie Papiergeld aufgebautes Währungssystem, das aufgrund seiner
Konstruktion zum Scheitern verurteilt ist."*

22. Lügen, wohin man schaut

In Goethes „Faust - Der Tragödie Erster Teil" stellt Faust fest:

*„Habe nun, ach! Philosophie, Juristerei und Medizin und leider auch Theologie
durchaus studiert, mit heißem Bemühn. Da steh ich nun, ich armer Tor! Und
bin so klug als wie zuvor; Heiße Magister, heiße Doktor gar und ziehe schon
an die zehen Jahr herauf, herab und quer und krumm, meine Schüler an der
Nase herum – und sehe, dass wir nichts wissen können!"*

Ähnlich ergeht es inzwischen doch allen Deutschen. Egal, wohin Sie blicken. Sie werden an
der Nase herumgeführt. Sie handeln im guten Glauben, und doch werden Sie über den Tisch
gezogen. In Ergänzung zum obigen Zitat sagte Faust: „Das will mir schier das Herz verbren-
nen." So wie uns. Auch uns verbrennt das Herz im übertragenen Sinne, wenn wir sehen, wie
Menschen um ihr Geld gebracht werden. Damit muss ein für alle Mal Schluss sein. Menschen,
die im Schweiße ihres Angesichts Geld verdienen und buchstäblich jeden Cent dreimal umdre-
hen, bevor sie ihn einmal ausgeben, brauchen einen „Geldanwalt" an ihrer Seite. Dafür steht
die wika AG. Wir wollen, dass sich Ihr Geld, Ihr Vermögen und Ihr Guthaben vermehren, nicht
Ihre Sorgen.

Mit diesem Buch haben Sie sich ein Bild von der gegenwärtigen Situation in der Bundesrepublik machen können. Unser Ziel war es nicht, Sie zu verängstigen. Das können die Politiker
viel, viel besser. Für sie ist alles „alternativlos" und „systemrelevant". Deshalb können sie
weiterhin ihren monetären Unsinn zur Rettung maroder Staaten durch den Bundestag boxen.

Geholfen ist damit niemandem. Schlimmer noch. Am Ende zahlen wir alle. Denn wir bürgen für jede politische Entscheidung. Das ergibt sich schon aus unserer Staatsbürgerschaft. Denn wir sind per Gesetz

deutsche StaatsBÜRGEr.

Deshalb werden wir über höhere Steuern als Bürgen zu allen Zeiten bürgen müssen. Ob wir wollen oder nicht. Verhindern können auch wir es nicht. Wir können aber zeigen, dass es trotz aller Probleme und Widerstände Möglichkeiten gibt, sich vor diesem Wahnsinn zu schützen.

DAS MERK ICH MIR:
„Wer kämpft, kann verlieren. Wer nicht kämpft,
hat schon verloren", war sich der deutsche
Schriftsteller Bertold Brecht sicher. Recht hat er.

Was glauben Sie, wie viel Zeit haben Sie, das hier Gelesene in die Tat umzusetzen? Einen Tag? Eine Woche? Einen Monat? Ein Jahr?

Erinnern Sie sich noch an die Zahl, die Sie als Zähler einsetzen, wenn es darum geht, die Verdoppelung des eingesetzten Kapitals zu errechnen oder die Halbierung der Kaufkraft? Es ist die Zahl

72

Sie sehen, auch hier bewährt sich das altbekannte Sprichwort: „Aller guten Dinge sind drei." In diesem Fall also die Zahl 72, von der in diesem Buch dreimal die Rede ist – zu Recht.

Eine alte Praxisregel besagt, dass wir alles, was wir nicht innerhalb von 72 Stunden angehen, mit an Sicherheit grenzender Wahrscheinlichkeit nie mehr in Angriff nehmen würden. Sie haben dieses Buch gelesen und sind wahrscheinlich inspiriert und möglicherweise sogar voller Tatendrang. Das ist gut so. Denn:

„Es muss sich etwas verändern, damit sich etwas ändert."

Jetzt haben Sie die Chance, etwas zu verändern. Nicht gestern, nicht morgen, heute, denn:

„Heute wird morgen gestern sein!"

Das Wissen aus diesem Buch zahlt sich für Sie aus, wenn Sie es anwenden. Das schlauste Buch der Welt hat keinen Nutzen, wenn Sie nicht ins Handeln kommen. Sehen Sie uns nach, dass wir Ihnen das mit dieser Bestimmtheit sagen. Manchmal braucht es diese Form der Kommunikation, um ins Handeln zu kommen. Wir Menschen gleichen häufig einer alten Dampflok. Wenn diese erst einmal zum Stehen gekommen ist, braucht es extrem viel Energie, sie wieder auf Touren zu bringen. Nach dem Lesen dieses Buches dürften Sie über die Energie verfügen, die es braucht, jetzt die entscheidenden Weichen in Richtung „finanzielle Freiheit und Sicherheit" zu stellen. Nutzen Sie diese unglaubliche Energie, indem Sie jetzt handeln und Kontakt mit uns aufnehmen.

DAS MERK ICH MIR:

Sagen ist nicht tun. Tun Sie es, und es werden sich wunderbare Möglichkeiten ergeben.

Ausblick und Nachwort

Unser gemeinsamer Ausflug in die Welt der Finanzen neigt sich dem Ende zu. Und die damit verbundenen Erkenntnis, dass alles, was man bisher so wusste und gemacht hat, vielleicht doch noch einmal einer eingehenden Prüfung unterzogen werden sollte. Wir freuen uns, wenn wir vielleicht den einen oder anderen Impuls für eine andere Sicht der Dinge liefern konnten. Wir möchten Ihnen gerne helfen, Ihr Geld zu vermehren, damit Sie Ihre finanzielle Sicherheit und Freiheit erreichen bzw. genießen und sorgenfrei leben können. Nutzen Sie daher die Möglichkeiten, die wir Ihnen bieten wollen, um Ihr Wissen hier noch zu vertiefen:

Auf der Internetseite **www.wika.ag** finden Sie weitere Informationen und natürlich die Chance mit einem unserer Berater in Kontakt zu treten. Scheuen Sie sich ebenfalls nicht auch bei dem Thema Karriere, mit uns Kontakt aufzunehmen.

In einem Wachstumsmarkt wie dem der unabhängigen und individuellen Finanzberatung ist der Bedarf an Fachkräften, die sich nicht nur in einer Sparte oder mit einem Anbieter, sondern in allen Sparten und Angeboten der Finanzdienstleistungen umfassend auskennen, enorm groß. Egal ob Sie sich für ihre persönliche Finanzkonzeption interessieren oder als Berater für die wika AG tätig sein möchten, eine E-Mail würde uns sehr freuen: **info@wika.ag.**

Die **wika AG** bietet ausgezeichnete Perspektiven für persönliches Wachstum. Trauen Sie sich und nehmen Sie Kontakt mit uns auf.

Wir haben noch eine Bitte an Sie:

Hat Ihnen dieses Buch gefallen? Verfassen Sie eine positive Rezension auf Amazon und empfehlen Sie uns weiter. Sie helfen anderen vielleicht an das Wissen zu kommen, welches notwendig sein könnte, die richtigen finanziellen Entscheidungen zu treffen. Vielleicht sehen wir uns schon bald in einem unserer Seminare, zu denen wir Sie einladen dürfen, um Sie kennenzulernen und die Themen zu vertiefen.

Aike & Henning Vaqué

ZU DEN AUTOREN

Aike und Henning Vaqué sind ausgewiesene Experten der Finanzbranche (mehrfach ausgezeichnet durch FOCUS Business, kununu, ekomi und weitere). Als Brüder gründeten sie mehrere erfolgreiche Unternehmen und Start-ups in der Finanzdienstleistungsbranche. Bis heute leiten sie aktiv den Vorstand der wika AG, eines der führenden Unternehmen der Branche. Ausgezeichnet durch besondere Kundentransparenz und überdurchschnittliche Kundenzufriedenheit. In 2016 wurde die wika AG von ihren Mitarbeitern zu einem der beliebtesten Finanzarbeitgeber in Deutschland gewählt. Seit 2017 zählt die wika AG zu den TOP-Arbeitgebern im Mittelstand – prämiert von FOCUS Business. In 2019 wurde die wika AG bundesweit unter die TOP 3 der besten Arbeitgeber gewählt.

Die beiden Erfolgsgründer verfügen über eine exzellente Expertise in der Finanzdienstleistungsbranche und stehen mit vielen CEOs und Entscheidern im direkten Kontakt. Mit diesem hervorragendem Netzwerk im Hintergrund sind die beiden Brüder in der Lage, Insiderwissen, Entwicklungen und Geheimnisse der Branche schonungslos offen zu legen.

Die Finanzdienstleistungsbranche gilt als eine der härtesten der Welt. Zu teure und intransparente Produkte waren und sind an der Tagesordnung. Hier setzen die beiden Brüder an und verlangen einen Wandel in der gesamten Branche – transparente Produkte mit einer deutlich besseren Kostenstruktur aus Kundensicht. Dem dazu passenden Leitsatz fühlt sich das Unternehmen der beiden Erfolgsgründer verpflichtet:

„Wir sind den Menschen verbunden, nicht den Konzernen",
(Aike & Henning Vaqué –Vorstände der wika AG)

Antrieb der beiden Brüder war das Thema Gerechtigkeit. Es waren die eigenen Erfahrungen in der Branche als Kunde und Mensch, aber auch die Erlebnisse in der Finanzdienstleistungsbranche insgesamt. Kritisch hinterfragt wurden die Werte vieler (börsennotierten) Versicherungsunternehmen, die nachweislich den eigenen Profit höher schätzen, als den finanziellen Erfolg der Kunden. Aus diesen Erfahrungen entstand das Leitbild der wika AG: **Menschen I Werte I Freiheit**, verbunden mit dem tiefen Bedürfnis, finanzielle Planung und Absicherung als gesellschaftliche Aufgabe zu verstehen und somit zu einer gerechten und fairen Beratung zu gelangen.

wika AG
Gerhard-Stalling-Straße 60b
26135 Oldenburg
www.wika.ag · info@wika.ag

Projekte

Ausganglage für ein weiteres Projekt der beiden Mehrfachgründer, Aike und Henning Vaqué, war 2015 eine Twitterbotschaft einer jungen Schülerin von knapp 140 Zeichen, die eine hitzige politische Debatte über Bildung auslöste. Genauer gesagt: über Finanzbildung.

„Ich bin fast 18 und hab keine Ahnung von
Miete, Steuern oder Versicherungen",

hatte die Abiturientin Naina Kümmel damals auf Twitter geschrieben. *„Aber ich kann 'ne Gedichtanalyse schreiben. In vier Sprachen."* Naina war damals zum Symbol geworden für eine Generation von Schülern, die zwar alles lernt, aber mit Alltagsfragen überfordert ist.

Glaubt man einer neuen Studie der Bank ING, aus dem Jahre 2017, ist die Situation noch immer düster (https://www.ing-diba.de/ueber-uns/presse/pressemitteilungen/finanzielle-analphabeten/). Die Hälfte der Deutschen habe in einer Umfrage angegeben, keinerlei Finanzbildung erhalten zu haben. Die Autoren der Studie bezeichnen die Deutschen sogar als „finanzielle Analphabeten". Im europäischen Vergleich ist Deutschland damit fast Schlusslicht: Nur Großbritannien schnitt noch schlechter ab – dort sagten 56 Prozent, sie hätten niemals Finanzbildung erhalten.

Die eigenen Erfahrungen aus vielen Kundenberatungen bestätigte das Bild, aus der oben genannten Studie. Um den Menschen mehr Finanzbildung zu vermitteln, entstand im Jahr 2017 das Projekt „Change your limit!". Die Idee dahinter war ganz einfach: Wissen und Erfahrungen im Umgang mit Geld und finanziellem Reichtum, modern und interessant übersetzt, möglichst vielen Menschen zur Verfügung zu stellen.

„Sei der Beste, der Du sein kannst!" ist das erste Buch aus dieser Reihe. Mit diesem Buch starten die beiden Brüder eine große Aufklärungskampagne im deutschsprachigen Raum, rund um die Themen Geld, Erfolg & Reichtum. Damit dieses Wissen möglichst vielen zugänglich gemacht werden kann, verschenken die beiden Brüder die Erstauflage des Buches.

UNSERE VISION ODER WARUM WIR DIR DIESES BUCH SCHENKEN

Eines haben wir festgestellt: Vielen großartigen Menschen, mit guten Ideen und spannenden Vorhaben, mangelt es an dem Wissen, wie Geld funktioniert. Letztendlich will doch jeder mehr erreichen als ein Leben voller Entbehrungen und einer kargen Rente nach endlosen Jahren harter Arbeit. Doch genau das erwartet dich, wenn du keinen Plan hast, wie du dein Geld erfolgreich anlegen und managen kannst.

Den richtigen Umgang mit Finanzen kann jeder lernen. Im Grunde ist es so einfach wie Schreiben lernen und das kleine 1 x 1. Mit uns wirst du unaufhörlich Schritt für Schritt deinen Zielen und deiner finanziellen Freiheit näher kommen.

Die Erstauflage ist evtl. noch kostenlos über **www.change.ag/buch** erhältlich.

SEI DER BESTE, DER DU SEIN KANNST. Verändere Deine Einstellung zum Geld und lass es wachsen – in sieben Schritten zur finanziellen Freiheit.

DAS VIDEO ZUM BUCH.

Quellenverzeichnis

Kapitel 1

[1] NWZ-Wirtschaft; Nr. 94; Seite 23; Schulden der Krisenstaaten steigen

[2] Die Welt; 27.11.2013; Mehreren Lebensversicherungen droht der Kollaps

[3] http://www.handelsblatt.com/finanzen/vorsorge/altersvorsorge-sparen/niedrigzinsen-lebensversicherer-stoppenauszahlun-gen/11249042.html (Letzter Zugriff am 11.3.2015)

[4] http://www.welt.de/wirtschaft/article139615248/Lebensversicherungen-koennten-naechste-Krise-bringen.html

[5] Die Welt; 23.04.2015; Welche Lebensversicherer den Nullzins überleben können

[6] http://www.focus.de/finanzen/versicherungen/lebensversicherung/weniger-rendite-allianz-senkt-zins-deriebensversiche-rung-auf-vier-prozent_id_4319554.html (Letzter Zugriff am 11.3.2015)

Kapitel 2:

[7] http://deutsche-wirtschafts-nachrichten.de/2013/10/17/die-grosse-enteignung-zehn-prozent-schuldensteuer-auf-al le-spar-guthaben (Letzter Zugriff am 11.3.2015)

[8] http://deutsche-wirtschafts-nachrichten.de/2014/01/27/bundesbank-stimmt-zwangsabgabe-aufsparguthaben-zu (Letzter Zugriff am 11.3.2015)

[9] http://www.vdk.de/deutschland/pages/presse/vdk-zeitung/65840/armut_macht_krank_und_krankheit_arm (Letzter Zugriff am 11.3.2015)

[10] http://www.hr-online.de/website/rubriken/kultur/index.jsp?rubrik=43004&key=standard_rezension_36015302 (Letzter Zugriff am 11.3.2015)

[11] http://www.rp-online.de/politik/deutschland/muentefering-pocht-auf-nullrunden-aid-1.2241287 (Zugriff am 30.03.2015

[12] http://www.bild.de/geld/wirtschaft/wirtschaft/altersarmut-bei-weniger-als-2500-euro-25989322.bild.html (Letzter Zugriff am 11.3.2015)

[13] Basler Versicherungen; Cash-Magazin 7/2014

Kapitel 3

[14] http://www.sueddeutsche.de/politik/angela-merkel-bei-guenther-jauch-merkels-einsamer-kampf-gegen-die-euroskepti-ker-1.1149086-2 (Letzter Zugriff am 11.3.2015)

[15] http://www.focus.de/finanzen/news/staatsverschuldung/tv-interview-im-sommer-2014-bevor-er-finanzministerwur-de-das-sagte-der-oekonom-varoufakis-zur-griechen-rettung_id_4532483.html (Letzter Zugriff am 11.3.2015)

[16] http://www.nwzonline.de/politik/niedersachsen/rechtsstaat-ausser-kraft-gesetzt_a_1,0,566563154.html (Letzter Zugriff

am 11.3.2015)

[17] http://www.tagesschau.de/inland/griechenlandhilfe118.html (Letzter Zugriff am 11.3.2015)

[18] http://www.tagesschau.de/inland/griechenlandhilfe118.html (Letzter Zugriff am 11.3.2015)

[19] http://www.focus.de/finanzen/boerse/gold-12-wahrheiten-ueber-gold_aid_658288.html (Letzter Zugriff am 11.3.2015)

Bildnachweis

Haftungsausschluss

Dieses Buch enthält Meinungen und Ideen des Autors und hat die Absicht, Menschen hilfreiches und informatives Wissen zu vermitteln. Die enthaltenen Strategien passen möglicherweise nicht zu jedem Leser, und es gibt keine Garantie dafür, dass sie auch wirklich bei jedem funktionieren.

Die Benutzung dieses Buches und die Umsetzung der darin enthaltenen Informationen erfolgt ausdrücklich auf eigenes Risiko. Der Autor kann für etwaige Schäden jeder Art aus keinem Rechtsgrund eine Haftung übernehmen. Haftungsansprüche gegen den Autor für Schäden materieller oder ideeller Art, die durch die Nutzung oder Nichtnutzung der Informationen bzw. durch die Nutzung fehlerhafter und/oder unvollständiger Informationen verursacht wurden, sind grundsätzlich ausgeschlossen. Das Werk inklusive aller Inhalte wurde unter größter Sorgfalt erarbeitet. Der Autor übernimmt jedoch keine Gewähr für die Aktualität, Korrektheit, Vollständigkeit und Qualität der bereitgestellten Informationen. Druckfehler und Fehlinformationen können nicht vollständig ausgeschlossen werden. Es kann keine juristische Verantwortung sowie Haftung in irgendeiner Form für fehlerhafte Angaben und daraus entstandenen Folgen vom Autor übernommen werden.

Copyright

Urheberrecht